中國學術思想 研究輯刊

二七編

林慶彰 主編

第14冊

東漢讖緯學研究（下）

陳明恩 著

花木蘭文化事業有限公司

國家圖書館出版品預行編目資料

東漢讖緯學研究（下）／陳明恩 著 ── 初版 ── 新北市：花木
蘭文化事業有限公司，2018〔民107〕
目 6+172 面；19×26 公分
（中國學術思想研究輯刊 二七編；第 14 冊）
ISBN 978-986-485-384-7（精裝）

1. 讖緯 2. 東漢

030.8   107001875

中國學術思想研究輯刊
二七編　第十四冊　　　　　　　ISBN：978-986-485-384-7

東漢讖緯學研究（下）

作　　者　陳明恩
主　　編　林慶彰
總 編 輯　杜潔祥
副總編輯　楊嘉樂
編　　輯　許郁翎、王　筑　美術編輯　陳逸婷
出　　版　花木蘭文化事業有限公司
發 行 人　高小娟
聯絡地址　235 新北市中和區中安街七二號十三樓
　　　　　電話：02-2923-1455／傳眞：02-2923-1452
網　　址　http://www.huamulan.tw 信箱 hml810518@gmail.com
印　　刷　普羅文化出版廣告事業
封面設計　劉開工作室
初　　版　2018 年 3 月
全書字數　331803 字
定　　價　二七編 25 冊（精裝）新台幣 48,000 元　　版權所有·請勿翻印

東漢讖緯學研究(下)

陳明恩 著

目

次

第五章　讖緯與王命
——兩漢王命之辨與讖緯王命論述的形成

　　王命之基礎（或者說「政權合法性」之基礎）源於天，此乃殷、周以降，歷代帝王篤守不移之根本信念。然而，由於先哲對於「天」之體認不盡相同，故在「王命之基礎源於天」此一命題上，亦存在著各種不同的論證方法與表述形式。以殷商而言，《尚書》云：「先王有服，恪謹天命。……天其永命我於茲，紹復先王之大業。」（〈盤庚上〉；頁126～127）又云：「予迓續乃命於天」（〈盤庚中〉；頁131）、「我生不有命在天」（〈西伯戡黎〉；頁145）。依《尚書》所錄觀之，王命之基礎源於天，其說由來已久。惟如上引文所示，在殷人之觀念中，天之降命似乎是「理所當然」的，故云「我生不有命在天」；天命的「賦予」與「承受」，僅是一種單向的「決定」與「被決定」之關係。人之主體性（譬如有德與否），顯然並非天之降命的最終依據。

　　其後周代殷而起，在王命論證上有了根本的改變。《尚書》云：「惟乃丕顯考文王，克明德慎罰。……天乃大命文王，殪戎殷，誕受厥命。」（〈康誥〉；頁201）又云：「我不可不監于有夏，亦不可不監于有殷。……惟不敬厥德，乃早墜厥命。……今天其命哲，命吉凶，命歷年。今知我初服，宅新邑，肆惟王其疾敬德。王德之用，祈天永命。」（〈召誥〉；頁222～223）此即「天命有德」之觀念的提出。就天命確證之「形式」而言，殷、周所論，顯然沒有太大的差異；然就天命確證之「內涵」而言，則二者之不同，實顯而易見。蓋「德」之觀念的提出，意味著天命的賦予與承受必須以「德」為條件，人之主體性，才是天之降命與否的決定因素。〔註1〕

〔註1〕　《詩》、《書》中有關文王因德而受命之說甚夥，相關論述請參閱李杜：《中西

　　至戰國末年，王權陵夷，周鼎浮動；於此鼎移之際，天命之歸屬問題，又成為彼時有國者關注之焦點。此一時期之王命論證雖說仍以天意為依歸，然其論證方法與表述形式，已與殷、周所論大異其趣：此即鄒衍「五德終始」說的提出。此說一出，立即在當時引發極大之政治效應〔註2〕；影響所及，歷代之王命論述，鮮有不受其影響者。〔註3〕讖緯之說亦然。惟讖緯所論，不僅一端；系統之整合與重構，方是讖緯王命論述之要義所在。那麼，在讖緯之相關論述中，究竟融合了那些不同的理論系統，這些不同的理論系統對讖緯又造成何種程度的影響，而整合後之讖緯王命論述又呈現出何理論樣態，此皆為本章討論之重點。

第一節　五德終始與漢初德運之爭

　　五德終始，此乃戰國末年所興起之用以解說朝代更迭的理論學說。其說由鄒衍發之，而後始皇行之，並於漢代初年引發漢德之爭。在兩漢王命論述之相關理論中，鄒衍之說實居承先啟後之關鍵地位。其後武帝雖定漢德於「土」，然彼時董仲舒依《春秋》另立「三統」之說，而武帝以後「漢家堯後」及「閏統」觀念的出現，更是企圖另立典範、重塑新說，對往後之王命論證影響甚深。此一過程背後所寓含之理論問題並非一二語所能窮盡，為清眉目，本節先論五德終始說的提出與漢初德運之爭，並由此展開其他相關問題的闡述。

<hr>

　　　哲學思想中的天道與上帝》（臺北：聯經出版公司，1978 年 11 月），頁 9～34；
　　　楊慧傑：《天人關係論》（臺北：水牛出版社，1989 年 6 月），頁 28～37；李
　　　向平：《王權與神權》（瀋陽：遼寧教育出版社，1991 年 9 月），頁 51～57。
〔註2〕《史記‧孟子荀卿列傳》云：「（鄒衍）適梁，惠王郊迎，執賓主之禮。適趙，
　　　平原君側行撤席。如燕，昭王擁彗先驅，請列弟子之座而受業，築碣石宮，
　　　身親往師之。」（頁 2345）鄒衍如此廣受禮遇，與孔、孟之菜色陳蔡、困於齊梁，
　　　實不可同日而語！而三國之所以特重鄒衍之說，蓋其地居北，合於五德終始
　　　「水北」之論也。
〔註3〕如《魏書‧禮志》云：「晉承魏，土生金，故晉為金德。趙承晉，金生水，故
　　　趙為水德。燕承趙，水生木，故燕為木德。秦承燕，木生火，故秦為火德。」
　　　（〔北齊〕魏收等撰：《魏書》〔北京：中華書局，1985 年 3 月〕，頁 2745。）史書所錄，例證
　　　尚多，茲不枚舉。此處需要說明的是，歷代王命論述自西漢中期以後，實已
　　　逐漸改為「五德相生」之論述系統（讖緯亦然）；其論述架構與鄒衍五德相勝說
　　　有別，然其基本觀念與相關概念，實皆源於鄒衍之說。

一、五德終始說的提出及其實踐

　　鄒衍之學，雖說曾在戰國末年風靡一時；然其相關著述已佚，今只能據諸家所引，略窺端倪。《史記・封禪書》云：

　　　　自齊威、宣之時，鄒子之徒論著終始五德之運。（頁1369）

所謂「終始五德之運」，《集解》注引如淳曰：

　　　　今其書有《五德終始》，五德各以所勝爲行。（頁1369）

　　　　今其書有《主運》，五行相次轉用事，隨方面爲服。（頁1369）

　　除此之外，《淮南子・齊俗》注引《鄒子》曰：

　　　　五德之次，從所不勝，故虞土，夏木，殷金，周火。（頁358）

而《文選》卷6〈魏都賦〉李善注引《七略》則云：

　　　　《鄒子》五德終始，從所不勝。土德後，木德繼之，金德次之，火
　　　　德次之，水德次之。（頁287）

　　以上是前人所引有關鄒衍學說之大略內容。〔註4〕至於保存鄒衍學說最完整者，一般都認爲是《呂氏春秋・應同》。其文云：

　　　　凡帝王者之將興也，天必先見祥乎下民。黃帝之時，天先見大螾大
　　　　螻。黃帝曰：「土氣勝！」土氣勝，故其色尚黃，其事則土。禹之時，
　　　　天先見草木，秋冬不殺，禹曰：「木氣勝！」木氣勝，故其色尚青，
　　　　其事則木。湯之時，天先見金刃生於水，湯曰：「金氣勝！」金氣勝，
　　　　故其色尚白，其事則金。文王之時，天先見火，赤鳥銜丹書，集於
　　　　周社，文王曰：「火氣勝！」火氣勝，故其色尚赤，其事則火。伐火
　　　　者必將水，天先見水氣勝。水氣勝，故其色尚黑，其事則水。（頁677）

　　　　〔註5〕

依《呂氏春秋》所言觀之，鄒衍五德終始之說，主要包含三個層面：

〔註4〕　案：上引諸家所述鄒衍之說，其內容大體一致；惟高誘注引《鄒子》之論作
　　　　「虞土，夏木，殷金，周火」，與下引《呂氏春秋》所述略有不同。然高誘注
　　　　《淮南子》在建安十年，未若《呂氏春秋》去古未遠；從此一角度來說，或
　　　　當以《呂氏春秋》所論爲是。下文所述，即依《呂氏春秋》之說。

〔註5〕　顧頡剛以爲，《呂氏春秋・應同》此段文字，「與《史記》所謂『五德轉移，
　　　　符應若茲』、如淳注所謂『五行相次轉用事，隨方面爲服』、《七略》所謂『終
　　　　始五德，從所不勝，土德後木德繼之，……』的話完全符合。故雖錄入《呂
　　　　氏春秋》，仍可信其爲鄒衍的學說。」（說見：〈五德終始說下的政治和歷史〉，收入：《古
　　　　史辨》〔臺北：藍燈文化事業有限公司，1987年11月〕，第5冊，頁420。）爾後學界論及五
　　　　德終始之說者，大體上即沿用顧氏之說；本文所論，亦以顧說爲本。

（一）王者將興，天必先降祥瑞。

（二）王者之運，乃依「水（黑）➤火（赤）➤金（白）➤木（青）➤土（黃）」之「相勝程序」依次更迭。〔註6〕

（三）王者之立，有其相應之配置措施。惟如上引文所示，此一配置措施殆僅止於「易服色」及相當籠統之「其事則某」而已；後世首重之「改正朔」等內容，似乎並未含攝在內。〔註7〕

其後始皇統一中國，即依此理論而自居「水德」，成爲鄒衍五德終始說之首位實踐者。〔註8〕史云：

〔註6〕案：此乃就五行相勝之「邏輯程序」而言，若依其「歷史程序」，則其表述方式應爲：「土➤木➤金➤火➤水」。

〔註7〕《漢書·嚴安傳》云：「臣聞鄒子曰：『政教文質者，所以云救也，當時則用，過則舍之，有易則易之，故守一而不變者，未睹治之至也。』」（頁2809）依嚴安所引觀之，鄒衍之說似於「改制」部份有所著墨。至於詳細內容何？史無明文，難以查考。又，崔適云：「古無終始五德之說，則夏尚黑，殷尚白，周尚赤，其義何居？曰：此因三正，不緣五德也。……是則易服色之義，自改正朔而出，豈由終始五德耶？〈王莽傳〉曰：『定有天下之號曰新，服色配德尚黃，犧牲應正用白。』是則別服色於正朔之外，而屬之終始五德，亦自劉歆爲莽典文章始。」（〔清〕崔適撰：張烈點校：《史記探源》〔北京：中華書局，1986年9月〕，頁4~5。）今案：崔適以爲易服色之義，其說自改正朔出，而不緣於五德終始；衡諸上文所引鄒衍之論，其說亦言之成理。然崔氏又以爲，別服色於正朔之外，而屬之五德終始者，其說殆自劉歆始，則於理實有未諦。蓋崔氏此說之前提，是將鄒衍之說及《呂氏春秋》等所建構之「五德配置」理論歸之於劉歆所託；然今觀其說，大體出於主觀臆測，難有文獻上之堅實憑據。且如下文所云，武帝太初改制即已兼採三統、五德之論；是三統、五德之說在西漢前期已有漸次結合之傾向。以此觀之，改正朔、易服色之說雖不必然由鄒衍發之，但也不必然非得歸之於劉歆不可。又，依《史記·孟子荀卿列傳》所載，鄒衍之說尚有「深觀陰陽消息」、「磯祥度制」及「大九州」（頁2344）等層面，然這些層面與本論題無涉，茲不詳論。相關論題，請參徐復觀：《兩漢思想史》（臺北：臺灣學生書局，1989年9月），卷2，〈《呂氏春秋》及其對漢代學術與政治的影響〉，頁9。

〔註8〕案：秦之德運歸屬問題，依《史記》所載，似有兩種不同說法。除上引相關文獻外，《史記·封禪書》又云：「秦襄公既侯，居西垂，自以爲主少皞之神，作西畤，祠白帝。」（頁1358）「櫟陽雨金，秦獻公自以爲得金瑞，故作畦畤櫟陽而祀白帝。」（頁1365）以此觀之，則秦之先祖乃以「金德」自命，非「水德」也。顧頡剛以爲，〈封禪書〉所記「皆與秦、漢間五德終始說相應。疑當時秦公隨意分色立祠，後人乃以五德說附益之耳。」（《中國上古史研究講義》〔北京：中華書局，1988年11月〕，頁15。）顧氏此說，頗有語病。蓋依五德終始，秦乃以水德自居；其先祖祠白帝，正與五德終始說相違，何來「相應」之處？嚴格而言，秦之先祖祠白帝，此乃「五德配置」觀念下之產物；五德配置與五德終

秦始皇既并天下而帝，或曰：「黃帝得土德，黃龍地螾見。夏得木德，青龍止於郊，草木暢茂。殷得金德，銀自山溢。周得火德，有赤烏之符。今秦變周，水德之時。昔秦文公出獵，獲黑龍，此其水德之瑞。」於是秦更命河曰「德水」，以冬十月爲年首，色上黑，度以六爲名。（《史記·封禪書》：頁1366）

始皇推終始五德之傳，以爲周得火德，秦代周德，從所不勝。方今水德之始，改年始，朝賀皆自十月朔，衣服旄旌節旗皆上黑。數以六爲紀，符、法皆冠六寸，而輿六尺，六尺爲步，乘六馬。……然剛毅戾深，事皆決於法，刻削毋仁恩和義，然後合五德之數。（《史記·秦始皇本紀》：頁237～238）

戰國擾攘，秦兼天下，未皇暇也，亦頗推五勝，而自以爲獲水德，乃以十月爲正，色上黑。（《漢書·律曆志上》：頁973）

秦以「水德」自居，則依此理論往下推衍，其後漢代秦而起，自當位屬「土德」，如此方符「土克水」之五行相勝原則。然今觀史書所述，漢定德運於「土」，中間尚經歷了不少波折，此即漢初德運之爭。

二、漢初德運之爭及其相關問題

如前所述，始皇依五德終始而自居水德，若依此理論往下推衍，則漢居土德實乃不辯自明之事。然實際情況並非如此。《史記》云：

(沛公)祠黃帝，祭蚩尤於沛庭，而釁鼓，旗幟皆赤。由所殺蛇白帝子，殺者赤帝子，故上赤。（〈高祖本紀〉：頁350）

二年，東擊項羽而還入關。問：「故秦時上帝祠何帝也？」對曰：「四帝，有白、青、黃、赤帝之祠。」高祖曰：「吾聞天有五帝，而有四，何也？」莫知其說。於是高祖曰：「吾知之矣，乃待我而具五也。」乃立黑帝祠，命曰北畤。（〈封禪書〉：頁1378）

始有關，但二者絕非毫無區別。最明顯的事證，就是二者對於「帝」有不同之理解。依鄒衍五德終始說，帝位的轉換乃透過「相勝」的方式承遞；然在五德配置中，帝位的安排則帶有「相生」之意味。以《淮南子·時則》爲例，其安排方式爲：東方木，其帝太皞；南方火，其帝炎帝；中央土，其帝黃帝；西方金，其帝少皞；北方水，其帝顓頊。（頁88～89）此一配置方式，依五德終始是無法解釋的。秦之先祖自命於「金」，其所根據的，即是此一配置系統；與五德終始，顯然不相契合。

依《史記》所述觀之，高祖建國之初對於漢之德運問題似有觸及，但並未熱衷於漢德之議定。故高祖一方面「祠黃帝」，但卻又「上赤」；一方面「上赤」，但卻又「立黑帝祠」。凡此，皆不合於鄒衍五德終始之論。直至高祖六年 (201 B.C.)，張蒼方以計相之位，正式提出漢爲水德之說。《史記・張丞相列傳》云：

> 張蒼爲計相時，緒正律曆。以高祖十月始至霸上，因故秦時本以十月爲歲首，弗革。推五德之運，以爲漢當水德之時，尚黑如故。(頁 2681)

張蒼所論，若衡諸《史記・曆書》所謂「是時天下初定，方綱紀大基，高后女主，皆未遑，故襲秦正朔服色」(頁 1260)，以及「漢承秦制」之政治舉措〔註 9〕，則漢居水德應爲漢代初年之基本論點。此一定位，雖或有其現實層面之考量，但卻明顯與五德終始之論不符。那麼，從五德終始的角度來說，要如何解釋此種「兩代同德」之現象？方法其實不難。那就是將秦「摒除」於五德終始之外，史謂之「黜秦」。《宋書・律曆志中》云：

> 五德更王，唯有二家之說。鄒衍以相勝立體，劉向以相生爲義。……張蒼則以漢水勝周火，廢秦不班五德；賈誼則以漢土勝秦水，以秦爲一代。論秦、漢雖殊，而周爲火一也。然則相勝之義，於事爲長。若同蒼黜秦，則漢水、魏土、晉木、宋金；若同賈誼取秦，則漢土、魏木、晉金、宋火也。(頁 259)〔註 10〕

《宋書》所論，可謂切中問題之核心。蓋秦之德運一經摒除，則漢乃代周而起；漢既代周而起，則其德運屬水，似亦可自圓其說。然此說並未因此定於一尊。文帝即位初年 (179 B.C.)，賈誼即一反張蒼之論，提出漢爲「土德」之議。《史記・屈原賈生列傳》云：

〔註 9〕 《漢書・地理志》云：「漢興，因秦制度，崇恩德，行簡易，以撫海內。」(頁 1543) 至於漢承秦制之具體內容，則可由《漢書》〈百官公卿表〉中有關各種制度之記載必標明「秦制」略知端倪。(見頁 739～740：文煩不引) 至於漢承秦制之原因，可參李偉泰：〈漢初沿用秦制原因舊說辨正〉，《漢初學術及王充論衡述論稿》(臺北：長安出版社，1985 年 5 月)，頁 23～39。

〔註10〕 兩漢典籍，亦已略見此義。如《漢書・王莽傳贊》云：「昔秦燔詩書以立私議，莽誦六藝以文姦言；同歸殊塗，俱用滅亡。皆炕龍絕氣，非命之運，紫色蠅聲，餘分閏位，聖王之驅除云爾！」(頁 4194) 又《易通卦驗》云：「秦爲赤驅，非命王。」(頁 197) 或云秦「非命之運」、或云秦「非命王」；說法有別，然皆不以秦得帝位之正。近代學者亦有持此義者，說詳王夢鷗：《鄒衍遺說考》(臺北：臺灣商務印書館，1966 年 3 月)，頁 114；孫廣德：《先秦兩漢陰陽五行說的政治思想》(臺北：臺灣商務印書館，1993 年 6 月)，頁 127。

> 賈生以爲漢興至孝文二十餘年，天下和洽，而固當改正朔，易服色，
> 法制度，定官名，興禮樂。乃悉草具其事儀法，色尙黃，數用五，
> 爲官名，悉更秦之法。（頁2492）

《史記》所載，雖未明言賈生「推五德之運」，然觀文中「色尙黃，數用五」之論，可知賈誼之說仍以「五德相勝」爲基礎，而以漢當土德。然就五德終始理論而言，漢之德運屬土若要成立，其前提必須是漢之前一代屬水；換言之，秦之德運必須予以承認（此即前引《宋書》所謂「賈誼取秦」），如此方能得出漢德屬土之結論。以此觀之，賈誼顯然承認秦政權之合法性〔註11〕，故所得結論與張蒼明顯不同。然而，賈誼之說卻因文帝謙讓未遑，未獲施行。其後，魯人公孫臣又於文帝十四年（166 B.C.），提出漢爲土德之說。《史記‧孝文本紀》云：

> 魯人公孫臣上書陳終始傳五德事，言方今土德時，土德應，黃龍見，
> 當改正朔、服色、制度。（頁429）

除此之外，〈封禪書〉載公孫臣上書則云：

> 始，秦得水德，今漢受之，推終始傳，則漢當土德。土德之應，黃
> 龍見。宜改正朔、易服色，色上黃。（頁1381）

如《史記》所云，公孫臣之所以上言「漢當土德」，主要仍以「五德終始」爲依據。然彼時張蒼「方推以爲今水德，始明正十月上黑事，以爲其言非是，請罷之」，故公孫臣所論未獲施行。至文帝十五年（165 B.C.），「黃龍見成紀」；正與公孫臣「土德之應，黃龍見」之說相應，故「天子乃復召魯公孫臣，以爲博士，申明土德事。」雖然如此，此事卻又因新垣平事件而擱置〔註12〕；且十八年親郊渭陽五帝廟又「色尙赤」（以上引文，見《史記‧孝文本紀》；頁429～430），足見漢德之爭在文帝時期仍未獲得圓滿的解決。

〔註11〕《新書‧過秦論》云：「秦滅周祀，併海內，兼諸侯，南面稱帝，以四海養。……今秦南面而王天下，是上有天子也。」又〈保傅〉云：「殷爲天子三十餘世，而周受之；周爲天子三十餘世，而秦受之；秦爲天子，二世而亡。……」（〔漢〕賈誼撰；閻振益、鍾夏校注：《新書校注》〔北京：中華書局，2000年7月〕，頁13、183。）賈生既云秦「南面稱帝」、「南面而王天下」、「爲天子」；則賈生承認秦政權之合法性，殆毋庸置疑。除賈誼外，漢初學者所論，大體均有類似之看法。如《漢書‧朝錯傳》云：「故秦能兼六國，立爲天子。」（頁2296）〈賈山傳〉、〈嚴安傳〉則云：「（秦）貴爲天子，富有天下。」（頁2327、2812）

〔註12〕事詳《史記》〈孝文本紀〉、〈曆書〉、〈封禪書〉（頁430、1260、1382～1383）；其文俱在，茲不備引。

三、漢爲土德的確立

漢定於土德，乃在武帝之時。《史記・孝武本紀》云：

> 夏，漢改曆，以正月爲歲首，而色上黃，官名更印章以五字。因爲
> 太初元年。（頁438）

《漢書・郊祀志下》則云：

> 漢興之初，庶事草創，唯一叔孫生略定朝廷之儀。若乃正朔、服色、
> 郊望之事，數世猶未章焉。至於孝文，始以夏郊，而張蒼據水德，
> 公孫臣、賈誼更以爲土德，卒不能明。孝武之世，文章爲盛，太初
> 改制，而兒寬、司馬遷等猶從臣、誼之言，服色數度，遂順黃德。
> 彼以五德之傳從所不勝，秦在水德，故謂漢據土而克之。（頁1270）

如《漢書・郊祀志》所云，武帝確立漢之德運屬土，實以「五德之傳從所不勝」及「秦在水德」爲前提，故漢乃能「據土而克之」。換言之，此一德運的議定，是在承認秦政權之合法性的基礎上所完成的；與張蒼「黜秦」，正爲對反之論。

綜上所述，漢初對於漢帝國王命來源之問題，基本上是以五德終始（五德相勝）爲論述基調；之所以出現「水德」與「土德」之爭，關鍵在於是否承認秦政權之合法性——若承認秦政權之合法性，則漢代秦而起，自屬土德，賈誼、公孫臣、司馬遷之說主之；若否認秦政權之合法性，則漢應代周而立，自屬水德，張蒼之說主之。不過，漢之德運屬「土」，並未從此定於一尊；武帝以後，由於政治情勢的變化及五行理論結構之轉變，漢德之論實已逐漸改探「五德相生」之系統。兩漢王命論述，亦從此進入另一展新的歷史階段。

第二節　三統說的提出與五德理論之重構

如上所述，漢初學者對於漢德何屬雖有爭議；然其論證基準，實無二致：均以「五德相勝」爲論述準的。其後，武帝雖依此一基準確立漢之德運屬土，然就在同一時期，董仲舒依《春秋》另立「三統」之說，企圖在五德終始此一論述架構之外，轉從儒家經典尋求漢帝國政權之合法性的法典依據。其所建構之歷史發展模式雖未見採納，然在「改制」方面，則董生所論影響當代及後世頗深，有必要詳加說明。另一方面，五行理論在此一時期亦有結構性的改變，那就是《淮南子》「五行生壯」及董仲舒「五行生勝」理論的提出。

此二家所論雖未必與王命論述有直接關係，然其說於「五行相勝」之外另立「五行相生」之義，不僅突破了五行理論既有之論述格局；更重要的是，五行理論此一結構性的轉變，提供了五德論述以新的可能性。其運用於歷史解釋，則徹底改變戰國以來五德終始之論述模式，而逐漸往「五德相生」之論述系統發展。西漢中期以降，於是而有「漢家堯後」觀念的出現及劉向父子「閏統說」之建構。此一論證基準之轉換，對爾後讖緯之說影響甚深，故亦先論次說明如後。

一、董仲舒三統說的建構

　　三統說是董仲舒春秋學的核心內容之一。〔註 13〕此說之所以提出，與武帝嗣位初年即企圖為漢家奠立「典法」之訴求，有密不可分之關係。《史記·禮書》云：

> 今上即位，招致儒士，令共定儀，十餘年不就。或言古者太平，萬民和喜，瑞應辨至，乃采風俗，定制作。上聞之，制詔御史曰：「蓋受命而王，各有所由興，殊路而同歸，謂因民而作，追俗為制也。議者咸稱太古，百姓何望？漢亦一家之事，典法不傳，謂子孫何？化隆者閎博，治淺者褊狹，可不勉與！」（頁 1160～1161）

《漢書·董仲舒傳》則云：

> 武帝即位，舉賢良文學之士前後百數，而仲舒以賢良對策焉。制曰：「……蓋聞五帝三王之道，改制作樂而天下合洽，百王同之。……三代受命，其符安在？」（頁 2495～2496）

如史書所述，武帝嗣位初年即招致儒士共定儀法；而欲制定儀法，首先就必須證明此一制作的正當性與合法性。故武帝制詔御史特別強調「受命而王」，而策問董生亦以「三代受命，其符安在」為主軸。凡此，都顯示武帝所關注的，依舊是政權合法性之問題。針對武帝之問，董仲舒在第一策雖未明確加以回應，然於第二策對曰：

> 臣聞制度文采玄黃之飾，所以明尊卑，異貴賤，而勸有德也。故《春秋》受命所先制者，改正朔，易服色，所以應天也。《漢書·董仲舒傳》：

〔註13〕有關此一議題，筆者曾撰：〈董仲舒春秋學之歷史理論——三統與四法說之建構及其內涵〉申述其義。文刊林慶彰主編：《經學研究論叢》（臺北：臺灣學生書局，2003 年 6 月），第 11 輯，頁 207～223。本節所論，即以此文為本；惟詳略有別，要在明其大意而已。

頁 2510）

如董生〈對策〉所云，其所謂「改正朔，易服色」之說，與鄒衍所論並無二
致；然其論述基準，則已擺脫五德終始之論述架構，而轉從儒家之主要經典
——《春秋》——尋求立論根據。而其完整之理論建構，則見於《春秋繁露》
〈三代改制質文〉。原文頗長，茲擇要引述如下：

> 《春秋》曰：「王正月」。《傳》曰：「王者孰謂？謂文王也。曷爲先
> 言王而後言正月？王正月也。」何以謂之王正月？曰：王者必受命
> 而後王。王者必改正朔，易服色，制禮樂，一統於天下，所以明易
> 姓非繼人，通以己受之於天也。王者受命而王，制此月以應變，故
> 作科以奉天地，故謂之王正月也。王者改制作科奈何？曰：當十二
> 色，歷各法而正色。逆數三而復，紬三之前曰五帝，帝迭首一色；
> 順數五而相復，禮樂各以其法象其宜；順數四而相復，咸作國號，
> 遷宮邑，易官名，制禮作樂。故湯受命而王，應天變夏，作殷號，
> 時正白統。親夏、故虞，紬唐謂之帝堯，以神農爲赤帝。……文王
> 受命而王，應天變殷，作周號，時正赤統。親殷、故夏，紬虞謂之
> 帝舜，以軒轅爲黃帝，推神農以爲九皇。

> 《春秋》應天作新王之事，時正黑統。王魯，尚黑，紬夏、親周、
> 故宋。……然則其略說奈何？曰：三正以黑統初。正黑統奈何？曰：
> 正黑統者，歷正日月朔於營室，斗建寅。天統氣始通化萬物，物見
> 萌達，其色黑。……正白統奈何？曰：正白統者，歷正日月朔于虛，
> 斗建丑。天統氣始蛻化物，物始芽，其色白。……正赤統奈何？曰：
> 正赤統者，歷正日月朔于牽牛，斗建子。天統氣始施化物，物始動，
> 其色赤。

> 《春秋》當新王者奈何？曰：王者之法，必正號，紬王謂之帝，封
> 其後以小國，使奉祀之。下存二王之後以大國，使服其服，行其禮
> 樂，稱客而朝。……《春秋》作新王之事，變周之制，當正黑統。
> 而殷、周爲王者之後，紬夏改號禹謂之帝，錄其後以小國，故曰紬
> 夏、存周，以《春秋》當新王。……故王者有不易者，有再而復者，
> 有三而復者，有四而復者，有五而復者，有九而復者。……王者以
> 制，一商一夏，一質一文。商質者主天，夏文者主地，《春秋》者主
> 人。……四法如四時然，終而復始，窮則反本。……天將授舜，主

天法商而王，……天將授禹，主地法夏而王，……天將授湯，主天

法質而王，……天將授文王，主地法文而王。（頁184～212）

此段論述，要旨有二：

（一）闡述董仲舒對於歷史發展之思考，並建構一理想的歷史發展模式；

（二）賦予不同之歷史階段以相應的政治體制與禮樂節文。

就歷史發展之形式架構而言，董仲舒雖提出「再而復」（質文）；「三而復」（正朔；即三統說）、「四而復」（一商一夏、一質一文；即四法說）、「五而復」（五帝）及「九而復」（九皇）等多重歷史架構〔註14〕；然其理論，實以「三統」為核心。如〈三代改制質文〉所述，三統說就其表層架構而言，實甚為簡單；蓋謂朝代更迭之序次為「黑→白→赤」，而其相應之朝代分別為「夏→商→周」。然如前所

〔註14〕此一歷史架構，依顧頡剛之說，可推衍表列如下：

代號	三統			四法	對於前代王者的態度				
					所存二王之後		所紀又前六王之後		
	統	正	德	所主與所法	親者	故者	五帝末一帝	五帝首一帝	九皇
神農	黑	寅	陰	主地法文	未詳	未詳	未詳	未詳	未詳
軒轅	白	丑	陽	主天法商	神農	未詳	未詳	未詳	未詳
顓頊	赤	子	陰	主地法夏	軒轅	神農	未詳	未詳	未詳
嚳	黑	寅	陽	主天法質	顓頊	軒轅	神農	未詳	未詳
唐	白	丑	陰	主地法文	嚳	顓頊	軒轅	未詳	未詳
虞	赤	子	陽	主天法商	唐	嚳	顓頊	未詳	未詳
夏	黑	寅	陰	主地法夏	虞	唐	嚳	未詳	未詳
殷	白	丑	陽	主天法質	夏	虞	唐	神農	未詳
周	赤	子	陰	主地法文	殷	夏	虞	虞	神農
春秋（王魯）	黑	寅	陽	主天法商	周	殷	夏	夏	黃帝

說見：《中國上古史研究講義》，頁133～134。今案：顧氏所列，實難成立。蓋〈三代改制質文〉明云「以神農為赤帝」（頁186），然顧氏表中卻以「神農」為「黑帝」；其說之非是，於此可見。純就理論推衍的角度來說，「以神農為赤帝」若要成立，則在神農之前或黃帝之後，必須「增設」一帝方有可能（讖緯之說即是如此，說詳下文），然這又與〈三代改制質文〉所論及之帝數不合。是文獻訛奪，抑或董生所述自相違礙？文獻有闕，在此不擬多作揣測。此外，賴炎元則以「神農火德王，又稱炎帝」釋「以神農為赤帝」。說見：《春秋繁露今註今譯》（臺北：臺灣商務印書館，1984年5月），頁180。然董生之說乃論「三統」，賴說以「五德」釋之，於義似有未諦。蓋此說若能成立，則董生大可運用五德終始以言其改制之主張，何必大費周張建構三統理論？足見賴說仍有待商榷。

述，董仲舒三統說的提出，與漢武帝希望為漢家奠立典法之訴求有關；而欲制定典法，首先必須證明者，即是此一制作之合理性。換言之，董生之所以提出三統說，其主要目的，乃在論證漢帝國之王命來源、以及改制作科之理論基礎等問題。那麼，董仲舒對於漢帝國之王命來源，究竟有何新的見解？

依三統說之朝代更迭序次，代周而起者必屬黑統；而當此統位者，董仲舒並未依照實際之歷史發展加以論定，而是依其公羊學理論，認為是《春秋》。故前引文云：王魯、《春秋》應天作新王之事、《春秋》當新王、《春秋》作新王之事。〔註15〕然《春秋》並非歷史上的「一代」，又如何能當一統之位？且如〈三代改制質文〉所述，王者必「受命」而後王；以《春秋》當新王，其受命之基礎為何？依董生，《春秋》「受命之符」，乃在「西狩獲麟」。《春秋繁露・符瑞》云：

> 有非力之所能致而自至者，西狩獲麟，受命之符是也。然後托乎《春秋》正與不正之間，而明改制之義，統乎天子，而加憂於天下之憂也，務除天下所患。（頁157）

《春秋》既有受命之符，則《春秋》當新王之義即可獲得確認；《春秋》當新王之義既獲得確認，則《春秋》自屬黑統。《春秋》屬黑統，則依照「黑→白→赤」之更迭序次往下推衍，代《春秋》而起者必屬「白統」。然《漢書・董仲舒傳》明云：

> 夏上忠，殷上敬，周上文者，所繼之捄，當用此也。孔子曰：「殷因於夏禮，所損益可知也；周因於殷禮，所損益可知也；其或繼周者，雖百世可知也。」……繇是觀之，繼治世者其道同，繼亂世者其道變。今漢繼大亂之後，若宜少損周之文致，用夏之忠者。（頁2518～2519）

以此觀之，董仲舒顯然認為漢應從夏而屬黑統。問題是，《春秋》與漢同屬黑統，則夾在兩代中間之秦應屬何統？就客觀歷史發展的角度來說，秦代周而立，應屬三統說之黑統；同理，漢代秦而立，自應屬白統。但是，這樣的統序顯然與董仲舒所主張的「漢屬黑統」不合。由此觀之，董仲舒三統說並非以客觀歷史為準據，而是依照己身之世界觀與價值觀重新觀照歷史，並以《春

〔註15〕《春秋》當新王之義，在孟子的相關說法中已略見端倪。《孟子・滕文公下》云：「世衰道微，邪說暴行有作。臣弒其君者有之，子弒其父者有之。孔子懼，作《春秋》。《春秋》，天子之事也。故孔子曰：『知我者其惟《春秋》乎？罪我者其惟《春秋》乎？』」（頁117）而發揮《春秋》當新王之義最詳者，即是董仲舒。

秋》取代秦之歷史地位；在三統說中，秦是被排除在外的。（此一情況，與前述主漢為水德者必否認秦政權之合法性頗為類似）秦之統位既被排除在外，則漢實乃繼《春秋》而立。漢繼《春秋》而立，然《春秋》與漢又同屬「黑統」；這樣的安排方式，顯然與「黑→白→赤」之朝代更迭序次不合。此一現象，又當如何解釋？

　　事實上，董仲舒對於朝代更迭之解釋，其所依據者，並非五行理論。蓋依五行理論，五行相克之次序為：水克火，火克金，金克木，木克土，土克水；而五行相生之次序為：木生火，火生土，土生金，金生水，水生木。今觀董仲舒「夏黑（相應於五行則為「水」，下同）→商白（金）→周赤（火）→《春秋》黑（水）」之轉換程序，從殷商至《春秋》為相克關係（水克火，火克金），頗合於五行相克之論；然夏與商之間既非相克關係、也非相生關係（金不能克水，水亦不能生金），顯非五行生克所能解釋。由此可見，三統說與五德終始理論，在結構上存在著相當大的差異。〔註16〕既然三統說之朝代更迭無法用「相勝」或「相

〔註16〕顧頡剛以為，三統說之理論架構乃承襲自五德終始理論，並表列說明如下：

代次	五德說	三統說		附　　記
夏前一代	土德（尚黃）	赤統	法商	此一代，五德說為黃帝，三統說為帝嚳。
夏	木德（尚青）	黑統	法夏	
商	金德（尚白）	白統	法質	
周	火德（尚赤）	赤統	法文	
周後一代	水德（尚黑）	黑統	法商	此一代，五德說為秦，三統說為春秋。
周後二代	土德（尚黃）	白統	法夏	此一代，漢文帝以下之五德說為漢，三統說無文。

根據此表，顧頡剛認為三統說與五德終始說最大的相同點，在於商、周及周後一代，顏色完全一樣；並進一步推斷，三統說可能是「割取了五德終始說的五分之三而造成的。」（〈五德終始說下的政治和歷史〉，頁443～444）本文認為，三統說受到五德終始說之影響，此乃不爭之事實；然三統說與五德終始說在商、周及周後一代統位完全一樣，並不足以證明三統說「割取」五德終始說。其說有二：1、如上表所示，三統說與五德終始說在夏前一代、夏以及周後二代之統位明顯有異；既然二者在朝代統位的安排上有半數不同，如何能依此證明三統說割取五德終始說？2、五行理論乃一不可分割之整體，是不能「割取」的（無論所割取的是五行中的那一部份）；一經割取，五行理論即喪失其相克與相生之功能，又如何能解釋朝代之更迭？可見割取之說，在理論上是不能成立的。又，蔣慶之說以為：「通三統說是今文說，終始五德說是古文說。通三統說是要解決新王興起改制立法時新王之統與前王之統的關係問題，終始五德說則是要解決某一朝代興起其必然宿命依據問題。三統說是為孔子作《春秋》當新王改制立法作理論上的說明，五德說則是為王莽篡漢作輿論上的準備。」（《公羊學引論》〔瀋陽：遼寧教育出版社，1995年6月〕，頁310。）蔣氏所論，

生」的角度加以說明，則《春秋》與漢之關係就只能是「相承」關係；換言之，漢之統位是直接「接收」《春秋》之統位而來的。如此說來，《春秋》之統位乃是「過渡（或預備）性質」，並非「實然存在」。那麼，要如何解釋《春秋》此種「非實然」之存在？公羊學者所提出的解決方法是：《春秋》爲漢制法。在今本《春秋繁露》之相關論述中，董仲舒並未明確提出「《春秋》爲漢制法」之理論；然以孔子爲「素王」，其說已見於董生之相關言論。《漢書‧董仲舒傳》云：

> 孔子作《春秋》，先正王而繫萬事，見素王之文焉。（頁2509）

> 故《春秋》受命所先制者，改正朔，易服色，所以應天也。（頁2510）

《春秋繁露‧俞序》則云：

> 仲尼之作《春秋》也，上揆天瑞，王公之始，下明得失，起賢才，
>
> 以待後聖。（頁158～159）

既云孔子「見素王之文」，又云《春秋》「先制」、「待後聖」；是董生所論，又實已隱含《春秋》爲漢制法之雛形。（有關孔子素王及《春秋》爲漢制法之說，另詳下文）此一理論的出現，確實彌縫了三統說之理論缺陷。其說以爲，孔子雖立王者之法，但因無王者之位而未及施行，故存之以待後聖；其後漢興，在公羊家的看法中，漢即爲孔子所待之後聖；而孔子所立王者之法，亦爲漢所承繼。如此一來，漢非「代」《春秋》而立，而是「承繼」《春秋》代周而立；漢既代周而立，則漢爲黑統，明矣！漢之統位既獲得確認，則漢帝國之王命來源與體制改革，就有其源自於天之合法性基礎，此即董仲舒何以精心構作三統說之主要原因。

　　如上所述，董仲舒認爲歷史發展必須依「黑→白→赤」之順序依次更迭，而漢承《春秋》，應屬黑統。然而，這只是董仲舒三統說之表層架構而已；就其深層結構而言，董仲舒更試圖賦予不同之歷史階段以相應的政治體制與禮樂節儀，並藉此建構一理想之存在秩序。此一理想之存在秩序，才是董仲舒建構三統理論之最終目的。爲明其意，茲依〈三代改制質文〉所述，擇要表列如下：

大體可從。然其說以爲「五德說則是爲王莽篡漢作輿論上的準備」，則於理實有未諦。蓋此說之立論，殆以五德說爲劉歆所託爲前提；而此一前提若要成立，就必須一併否定張蒼、賈誼、公孫臣、司馬遷之論（崔適已有此說，蔣氏蓋本之而論）。然而，要同時否定這麼多人的說法，不能只是隨意而論，若無堅實之文獻基礎，恐難服眾。

三統說制度表〔註17〕

三統 \ 制度	黑統	白統	赤統
朝代	夏《春秋》漢	商	周
正朔	營室	虛	牽牛
歲首	建寅	建丑	建子
物色	尚黑	尚白	尚赤
朝正	平明	鳴晨	夜半
服制	朝正服黑，首服藻黑，大節綏幘尚黑	朝正服白，首服藻白，大節綏幘尚白	朝正服赤，首服藻赤，大節綏幘尚赤
輿制	正路與質黑，馬黑，旗黑	正路與質白，馬白，旗白	正路與質赤，馬赤，旗赤
郊制	郊牲黑，犧牲角卵	郊牲白，犧牲角繭	郊牲赤，犧牲角栗
冠制	冠於阼	冠於堂	冠於房
婚制	禮逆於庭	禮逆於堂	禮逆於戶
喪制	殯於東階之上	殯於楹柱之間	殯於西階之上
祭制	祭牲黑牡，薦尚肝	祭牲白牡，薦尚肺	祭牲騂牡，薦尚心
樂制	樂器黑質	樂器白質	樂器赤質
刑制	法不刑有懷任新產者	法不刑有懷任	法不刑有身，重懷藏以養微

如上表所示，董仲舒認為不同之統位除有其相應之政治體制外，還必須配合相應的禮樂節文；其所涉範圍含攝王權象徵之「改正朔」、「易服色」，以及人倫世界之種種禮儀規範。惟此改制有變有不變，變者乃正朔、服色等；不變者，則為政治教化與人倫綱常。董仲舒云：

> 王者有改制之名，亡變道之實。（《漢書・董仲舒傳》：頁 2518）

> 今所謂新王必改制者，非改其道，非變其理；受命於天，易姓更王，

〔註17〕本表所列，酌參王永祥：《董仲舒評傳》（南京：南京大學出版社，1995 年），頁 330；林麗雪：《董仲舒》，收入中華文化復興運動推行委員會主編：《中國歷代思想家》（臺北：臺灣商務印書館，1987 年 8 月），第 2 冊，頁 63；蔣慶：《公羊學引論》，頁 304；賴慶鴻：《董仲舒政治思想之研究》（臺北：國立政治大學政治研究所博士論文，1980 年 7 月），頁 180。

非繼前王而王也。若一因前制，修故業，而無有所改，是與繼前王
而王者無以別。……若夫大綱、人倫、道理、政治、教化、習俗、
文義盡如故，亦何改哉？《春秋繁露・楚莊王》：頁17～18）

王者既然「有改制之名，亡變道之實」，則董仲舒三統理論所強調之改制作科，
似乎僅具形式意義，而沒有任何實質的改變。然而，董仲舒之所以特別突顯
「王者有改制之名，亡變道之實」，關鍵並不在於道之實質內涵有無改變。蓋
如《漢書・董仲舒傳》所述：

道者，所繇適於治之路也，仁義禮樂皆其具也。（頁2449）

樂而不亂、復而不厭者謂之道，道者萬世亡弊，弊者道之失也。（頁
2518）

道以「仁義禮樂」為其具，且反復施行而「萬世無弊」；是依董生之意，道顯
然具有「整全」及「亙古不變」之特質。準此而言，道之實質內涵本就無須
改變。蓋人類歷史之發展，並非僅是形式上的改朝換代而已；在一家一姓的
轉換背後，歷史發展尚有其不變的內在要素。此一不變的內在要素，如董生
所云，即是「大綱、人倫、道理、政治、教化、習俗、文義」之「道」。從此
一角度來說，董仲舒認為王者「亡變道之實」，確實掌握了歷史發展之核心。
然而，在不變的歷史軸心底下，歷史的發展尚有其「變動」之一面。此一層
面又當如何因應？對此，董仲舒明確指出：

三王之道所祖不同，非其相反，將以捄溢扶衰，所遭之變然也。……

然夏上忠，殷上敬，周上文者，所繼之捄，當用此也。《漢書・董仲舒
傳》：頁2518）

「道」必須有所「損益」以因應「所遭之變」，則在董仲舒對於歷史的理解中，
道之基本原則雖說不可改易，然道之具體呈現則可因時制宜而略作「調整」，
以達致「補其弊」與「捄溢扶衰」的效果。很顯然的，董仲舒並未一味強調
道之基本原則。就道落實於人間世而言，如何因應不同的時代需求而予以適
當的調整，並藉由此一調整，進而使歷史發展回歸常道，或許才是董仲舒三
統說所關注之焦點。

然而，董生雖企圖透過三統說以論證漢帝國之政權合法性；惟其所建構
之歷史發展模式，顯然未獲武帝青睞。蓋如前所述，武帝定漢德於土，其所
依據者，實乃五德相勝之論，而非三統之說。雖然如此，在「改制」層面上，
董生之說則頗為武帝所採。《漢書・律曆志上》云：

武帝元封七年，漢興百二歲矣，大中大夫公孫卿、壺遂、太史令司馬遷等言「曆紀壞廢，宜改正朔」。是時御史大夫兒寬明經術，上乃詔寬曰：「與博士共議，今宜何以爲正朔？服色何上？」寬與博士賜等議，皆曰：「帝王必改正朔，易服色，所以明受命於天也。創業變改，制不相復，推傳序文，則今夏時也。……臣愚以爲三統之制，後聖復前聖者，二代在前也。今二代之統絕而不序矣，唯陛下發聖德，宣考天地四時之極，則順陰陽以定大明之制，爲萬世則。」（頁

974～975）

〈律曆志〉所述，若合觀前引《漢書・祭祀志》：「太初改制，而兒寬、司馬遷等猶從臣、誼之言，服色數度，遂順黃德。彼以五德之傳從所不勝，秦在水德，故謂漢據土而克之」之說，則武帝雖依五德相勝而定漢德於土，然在改制問題上，實亦兼採三統之論——前者取其歷史發展之形式架構，後者則取其改制作科之實質內涵。〔註 18〕其後「五德相勝」雖漸爲「五德相生」所取代，然在改制問題上，學者所述卻大抵沿襲董生之說（說詳下文）；比諸鄒衍所論，董說影響之深，實有過之而無不及！

二、五行理論的結構轉換

　　五行之排列序次，先秦以來即存在各種不同之形式。〔註 19〕其中較具理論意義且對後世影響較深者，則爲「五行相勝」與「五行相生」這兩種理論系統。其中五行相勝爲鄒衍用以論述朝代更迭，其說已略如前述。至於五行相生，其「形式要件」雖在春秋戰國已略具規模；然至西漢前期，此說方以較完整之理論型態表現出來。而其具體論述，則見於西漢前期兩大思想名著：《淮南子》與《春秋繁露》。此二家所述，其初雖未必與漢初德運之爭有關；然依二書所建構之理論系統，同樣可以爲漢家德運作出合理的解釋。更重要的是，五行理論經由此一轉換，乃逐漸由「相勝」往「相生」之方向發展；而五德終始之論述模式，也因此逐漸轉向五德相生之論述系統。五行理論此

〔註18〕依孫廣德之說，武帝太初改制取擷於三統之說者有二：1、武帝改制比秦始皇少了政術一項，此舉顯然是依董仲舒的改制說進行的；2、太初改制以建寅爲正朔，實兼採三統之制。說詳：《先秦兩漢陰陽五行說的政治思想》，頁 159。

〔註19〕相關說法，請參閱拙著：《氣化宇宙論主體架構的形成及其開展》（臺北：私立淡江大學中國文學研究所碩士論文，1998 年 4 月修正稿），第四章，〈五行觀念的起源及其理論結構〉，頁 228～236。

一結構性的轉變，是五德相生系統之所以形成的關鍵因素，故先說明如後。

（一）五行生壯說之建構

《淮南子·天文》云：

> 水生木，木生火，火生土，土生金，金生水。子生母曰義，母生子
> 曰保，子母相得曰專，母勝子曰制，子勝母曰困。以制〔註20〕擊殺，
> 勝而無報。以專從事而有功。以義行理，名立而不滅。以保畜養，
> 萬物蕃昌。以困舉事，破滅死亡。（頁124）

〈天文〉所論，旨在透過天干地支與五行相配，藉此說明某日之「屬性」及
日與日之間的相互關係〔註21〕；與王命論述，並無直接關連。然就五行理論
之發展而言，〈天文〉明確指出「水生木，木生火，火生土，土生金，金生水」，
「五行相生」之論述基調至此已完全確立。且其說又兼及「母子相勝」之義，
在同一敘述語境下將「相生」、「相勝」結合論述；其調和二說之跡，於此亦
可見其端倪。除〈天文〉外，〈墜形〉所論，又更具理論意義。其言云：

> 木勝土，土勝水，水勝火，火勝金，金勝木。故禾春生秋死，菽夏
> 生冬死，麥秋生夏死，薺冬生中夏死。木壯，水老、火生、金囚、

〔註20〕原作「勝」。集解引王引之云：「上文『子生母曰義，母生子曰保，子母相得
曰專，母勝子曰制，子勝母曰困』，其名有五。下文『以專從事』，『以義行理』，
『以保畜養』，『以困舉事』，分承專、義、保、困四字，不應於『制』字獨不
相承。然則此句當作『以制擊殺』明矣。今本『制』作『勝』者，因上下文
『勝』字而誤。」茲從校改。

〔註21〕其說可表列如下：

五行	木	火	土	金	水
天干（母）	甲乙	丙丁	戊己	庚辛	壬癸
地支（子）	寅卯	巳午	辰未戌丑	申酉	亥子

在上引文中，所謂「子生母」，乃指表中「下生上」之日。以壬申爲例，壬
屬水，申屬金，而金生水，即在下位的申生在上位的壬，此謂之「義」。所
謂「母生子」，乃表中「上生下」之日。以甲午爲例，甲屬木，午屬火，而
木生火，即在上位的甲生在下位的午，此謂之「保」。所謂「子母相得」，乃
指表中「上下性質相同」之日。如甲寅、乙卯皆屬木，此謂之「專」。所謂
「母勝子」，乃指表中「上克下」之日。以戊子爲例，戊屬土，子屬水，而
土克水，即在上位的戊克在下位的子，此謂之「制」。所謂「子勝母」，乃指
表中「下克上」之日。以甲申爲例，甲屬木，申屬金，而金克木，此謂之「困」。
以上所述，說參陳一平：《淮南子校注譯》（廣州：廣東人民出版社，1994年
1月），頁144～145。

　　　土死；火壯，木老、土生、水囚、金死；土壯，火老、金生、木囚、

　　　水死；金壯，土老、水生、火囚、木死；水壯、金老、木生、土囚、

　　　火死。（頁 146）

〈墜形〉將宇宙萬物之發展分成生、壯、老、囚、死五個階段；並依此析論五行間之相互依存及其制約之間係，此謂之「五行生壯」。以「木壯」為例，水生木，故水老；木生火，故火生；木克土，故土死；金克木，故金囚（金囚，木才能持續為壯）。餘此類推。為明其意，茲將其說表列如下：

五行生壯圖〔註22〕

```
      水(老)                    木(老)                        火(老)
       ↓生                       ↓生                           ↓生
金(囚) 勝 木(壯) 勝 土(死)   水(囚) 勝 火(壯) 勝 金(死)   木(囚) 勝 土(壯) 勝 水(死)
       ↓生                       ↓生                           ↓生
      火(生)                    土(生)                        金(生)


           土(老)                        金(老)
            ↓生                           ↓生
   火(囚) 勝 金(壯) 勝 木(死)   土(囚) 勝 水(壯) 勝 火(死)
            ↓生                           ↓生
           水(生)                        木(生)
```

在上圖中，縱向為「相生」關係，橫向為「相勝」關係。就前引文而言，《淮南子》似乎著重於五行相勝一面，故其說首云「木勝土，土勝水，水勝火，火勝金，金勝木」。然這僅是《淮南子》「五行生壯」說之表層意旨而已。就其深層義蘊而言，《淮南子》之說本欲解釋萬物間彼此之關係；然宇宙萬象，萬物間之關係更是錯綜複雜；僅以「五行相勝」作解，實不能窮盡萬物之底蘊。故《淮南子》在闡述萬物生、壯、老、囚、死之際，又援入五行相生之說，將「五行相生」與「五行相勝」融為一體，從而架構出一展新的理論系統。就王命論述之層面而言，若依此說，則漢家德運之歸屬問題，同樣可以找到合理的解釋。蓋如前述，漢初在漢家德運問題上隱約出現三種不同說法：火德、水德、土德。以漢為水德，其說已將秦排除在外，茲不論。至於火德、土德之說，如依上圖所示，土壯，水死；火壯，水囚。無論漢居火德或土德，

〔註22〕本表錄自湯其領：〈秦漢五德終始初探〉，《史學月刊》，1995 年第 1 期（1995年 1 月），頁 22。

秦（水）都處於衰亡之地位。此一調和論述不僅見於《淮南子》，在《春秋繁露》中亦可發現類似之論點，董生名之曰「比相生而間相勝」（下文省稱「五行生勝」）。

（二）五行生勝說的提出

《春秋繁露》云：

> 天有五行：一曰木，二曰火，三曰土，四曰金，五曰水。木，五行之始也；水，五行之終也；土，五行之中也。此天次之序也。木生火，火生土，土生金，金生水，水生木，此其父子也。（〈五行之義〉：頁321）

> 天地之氣，合而爲一，分爲陰陽，判爲四時，列爲五行。行者，行也，其行不同，故謂之五行。五行者，五官也，比相生而間相勝也，故爲治，逆之則亂，順之則治。（〈五行相生〉：頁362）

董仲舒所謂「比相生而間相勝」，其原初用意，乃在說明官職間之相互依存與制約之關係，亦非用以說明王命來源之問題。然依此說，同樣可爲漢家德運作出合理的解釋。茲圖列說明如下，以見其意：

五行生勝圖

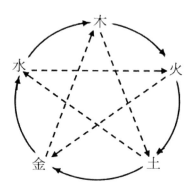

在上圖中，實線部份表示相生關係，虛線部份表示相克關係。「比相生」，是指各行中處於比鄰位置者，其相互間之關係爲「相生」，如木生火，火生土等；「間相勝」，則是指各行中處於相隔位置者，其相互間之關係爲「相克」，如木與土因火而相隔，則其相互關係是木克土。餘此類推。就五行理論之發展而言，此說同樣試圖融合五行相生與五行相勝在結構上的差異，與《淮南子》不同的是，董生之說似有「以相生含攝相勝」的傾向（如上圖所示，五行相勝是「被

包含」於五行相生之中的），此乃五行理論另一重要的內涵轉變。而就王命論述此一層面而言，董生所述，實與「五行生壯」有異曲同工之妙。為明其意，茲將上圖加以析分，並與「五行生壯」比對而觀；其說可對比圖示如下：

五行生壯、五行生勝對照圖

五行生壯	五行生勝
水(老) ↓生　金(囚) —勝→ 木(壯) —勝→ 土(死) ↓生　火(生)	木(壯)／火(生)／土(死)／金(囚)／水(老)（循環圖示）
木(老) ↓生　水(囚) —勝→ 火(壯) —勝→ 金(死) ↓生　土(生)	木(老)／火(壯)／土(生)／金(死)／水(囚)（循環圖示）
火(老) ↓生　木(囚) —勝→ 土(壯) —勝→ 水(死) ↓生　金(生)	木(囚)／火(老)／土(壯)／金(生)／水(死)（循環圖示）
土(老) ↓生　火(囚) —勝→ 金(壯) —勝→ 木(死) ↓生　水(生)	木(死)／火(囚)／土(老)／金(壯)／水(生)（循環圖示）
金(老) ↓生　土(囚) —勝→ 水(壯) —勝→ 火(死) ↓生　木(生)	木(生)／火(死)／土(囚)／金(老)／水(壯)（循環圖示）

在上圖中，左圖為「五行生壯」，右圖為「五行生勝」析分後之理論樣態。經

由此一對比，可以發現《淮南子》與董仲舒之說，雖然二者所陳述之主題不同（《淮南子》用以說明五行與天干地支之相配理論；而董仲舒則用以說明官職間之相互關係），其形式架構也有所區別；然不可思議的是，若純就理論的角度加以觀察，則二家之說，在內涵上是彼此相容的。以木壯爲例，五行生壯以爲木壯，水老，火生，金囚，土死；董仲舒雖未曾申述此義，然如上圖所示，五行生壯之義，實亦可由五行生勝獲得解釋。換言之，前文所謂「漢無論居於火德或土德，秦（水）都處於衰亡之地位」的說法，同樣適用於五行生勝之解釋架構。

　　《淮南子》與《春秋繁露》在哲學旨趣上差異甚遠，然在五行理論之闡述上卻如出一轍；由此可見，五行相勝在此一時期已失去主導地位，代之而起的，則是「既相生又相勝」之調和論述。也正因爲五行理論出現結構性之重大改變，「五德相生」方有其立論之基礎，進而徹底改變兩漢王命論述之理論樣態，於是而有「漢家堯後」觀念的出現，與《世經》「閏統說」之建構。

三、漢家堯後觀念的出現與閏統說之建構

　　《漢書・眭弘傳》云：

> 孝昭元鳳三年正月，泰山萊蕪山南匈匈有數千人聲，民視之，有大石自立，高丈五尺，大四十八圍，入地深八尺，三石爲足。石立後有白鳥數千下集其旁。是時昌邑有枯社木臥復生，又上林苑中大柳樹斷枯臥地，亦自立生，有蟲食樹葉成文字，曰「公孫病已立」，孟推《春秋》之意，以爲「石柳皆陰類，下民之象，泰山者岱宗之嶽，王者易姓告代之處。今大石自立，僵柳復起，非人力所爲，此當有從匹夫爲天子者。枯社木復生，故廢之家公孫氏當復興者也。」孟意亦不知其所在，即說曰：「先師董仲舒有言，雖有繼體守文之君，不害聖人之受命。漢家堯後，有傳國之運。漢帝宜誰差天下（顏注引孟康曰：「誰，問：差，擇也。問擇天下賢人。」），求索賢人，禪以帝位，而退自封百里，如殷、周二王後，以承順天命。」（頁3153～3154）

「漢家堯後」，其說殆首出於此。〔註23〕眭說雖未詳述理據，然據上引文觀之，

〔註23〕王先謙《漢書補注》引齊召南云：「漢家堯後，始見此文。」（頁1395）又，《漢書・高帝紀贊》云：「漢承堯運，德祚已盛，斷蛇著符，旗幟上赤，協於火德，自然之應，得天統矣。」（頁81）似以高祖立國之初即以火德自居。然檢諸史實，班固之說實有「時空錯置」之嫌，不足爲憑。《漢紀》則云：「漢祖初定天下，則從火德，斬蛇著符，旗幟尚赤，自然之應，得天統矣！」（頁1～2）其

眭孟之所以標舉「漢家堯後」，其原初用意，當是希望漢帝效法堯禪讓於舜之精神，「求索賢人，禪以帝位」。與本文所強調之「漢德之辨」，似乎沒有直接關係。然眭孟既要求漢帝禪位，則其說實已涉及政權轉移此一重大議題，而與王命論述相關。就此而言，則眭孟所論，至少透顯出以下兩點訊息：

（一）在前述鄒衍五德相勝及董仲舒三統說之循環歷史架構中，「堯」並未列入其中；而眭說以堯爲立論基準，顯然此一說法並非奠基於五德相勝或三統之說。

（二）眭孟提出「漢家堯後」之論，從某種角度來說，顯然認爲漢帝國之政權合法性直承於堯（此又涉及血脈正統之問題，另詳下文）；堯在此一說法中，實被賦予某種政治意涵，而具有王權象徵之意蘊。堯被賦予王權象徵之政治意涵，此一說法如非向壁虛構，則其說背後必有一「理論基準」以爲立論之張本。

那麼，眭孟所根據之理論基準爲何？此涉及兩方面之問題：

1、古史系統的重新認識；

2、五德論述之結構轉換。

就前者而言，自先秦以至六朝，學者對於古史之理解，其實差異頗大。以五帝爲例，依劉起釪所述，至少就有六種不同的說法：

（1）黃帝、顓頊、帝嚳、堯、舜：《大戴禮記·五帝德》。

（2）庖犧、神農、黃帝、堯、舜：《戰國策·趙策》、〈繫辭〉。

（3）太昊、炎帝、黃帝、少昊、顓頊：《呂氏春秋·十二紀》。

（4）少昊、顓頊、嚳、堯、舜：《世經》。

（5）嚳、堯、舜、禹、湯：王莽。

（6）黃帝、少昊、顓頊、嚳、堯：梁武帝。〔註24〕

說顯以《漢書》所錄爲本，亦不足爲據。陳槃則以爲，「西漢中葉以前，決無此說（案：指漢爲火德之說）。故文帝時有漢爲水德抑土德之爭辨，曾不言火。高祖起兵，旗幟尚赤，雖《史》、《漢》歷歷言之，可能是事實。然恐當時本出於偶然，未必即寓帝德之觀念。」（說見《古讖緯研討及其書錄解題》〔臺北：國立編譯館，1991 年 2 月〕，頁 28。）其說甚是。徐興無則指出，《史記·高祖本紀》所載「斷蛇著符」一事，當與漢初方位帝的觀念有關：即視高祖爲南方楚人，屬赤帝；秦爲西方，屬白帝。（說詳《讖緯文獻與漢代文化構建》〔北京：中華書局，2003 年 3 月〕，頁 171。）其說亦言之成理，茲錄於此，以資參考。

〔註24〕劉起釪：〈幾次組合紛紜錯雜的「三皇五帝」〉，《古史續辨》（北京：中國社會科學出版社，1997 年 4 月），頁 97～103。

這六種組合，其中第（3）組與「堯」無涉，而第（6）組則出於魏晉之後，與本論題相去甚遠，茲不贅述。至於第（5）組之組合方式，基本上是由第（4）組所推衍而來，其組織架構相同，可一併討論。因此，上述五種帝序組合，其與本論題直接相關者，實際上僅有（1）、（2）、（4）這三組而已。茲依五德終始之理論架構，推衍論次如下〔註25〕：

第（1）組（相勝）：

土	木	金	火	水	土	木	金	火	水
黃帝	顓頊	帝嚳	堯	舜	夏	商	周	秦	漢

第（2）組（相勝）：

火	水	土	木	金	火	水	土	木	金
庖犧	神農	黃帝	堯	舜	夏	商	周	秦	漢

第（4）組（相生）：

土	金	水	木	火	土	金	水	木	火	土
黃帝	少昊	顓頊	帝嚳	堯	舜	夏	商	周	秦	漢

以上所列帝序組合，其義可引申說明如下：

①這三種帝序組合，在「堯」以後之排列方式，基本上是一致的。然因所涉諸帝不同及解釋系統有別，故於歷代帝王之「德運」，在認定上各有不同。

②這三種帝序組合，若採取前述「黜秦」之說，則「堯」與「漢」之「德運」屬性相同，頗可用於解釋「漢家堯後」之觀念。

③然而，倘若依循第（2）組之推衍方式，則漢或爲「木德」（從「黜秦」的角度來說）、或爲「金德」（依「取秦」的角度而論），實與漢初以來之相關說法相悖。蓋如前所述，漢初以來學者或以漢爲水德、或以漢爲土德、間或有以漢爲火德之跡象，然未聞以漢爲木德或金德之說。以此觀之，「漢家堯後」說在古史系統的理解上，不太可能採取此種帝序組合方式。

〔註25〕本文之推衍基準有二：
　　　1、五德終始之論述架構，前期主相勝，後期主相生；故本文之推衍，前二組以五德相勝爲基準，末一組則以五德相生爲基準。
　　　2、五德終始雖有相勝、相生之別，然以黃帝爲「土德」則一；故本文之推衍，亦以黃帝土德爲基準。

④至於第（1）組之帝序組合，其說與漢初以來之相關論點頗爲相近；「漢
家堯後」之觀念，或與此種帝序組合有關。然而，此種帝序組合係以
「五德相勝」爲前提所推導出來的，與「漢家堯後」，在「理念」上不
盡相同。蓋「堯後」之論，實隱含漢家血胤直承於堯之意（另參下文），
這是一種「相承」的提法，而非「相勝」之論點。就此而言，「漢家堯
後」說在古史系統的理解上或與第（1）組相近，然其解釋觀點卻不相
符合。

⑤綜上所述，「漢家堯後」之說若要成立，就理論上來說，必須滿足兩大
要件：一、在古史系統的理解上必須與第（1）組相近；二、在解釋系
統上必須合於「相承」之論點。而滿足於此二項要件者，從後設思考
或詮釋之合理性的角度而言，惟有將「漢家堯後」置於第（4）組之帝
序組合及解釋系統上，方能獲得合理之解釋。蓋第（4）組之帝序組合
方式與第（1）組之帝序組合方式相近（唯一的差別，在於第（4）組多了「少昊」
一帝），而其說又採「相生」之論述系統，與「相承」之意正相符合。

倘若以上推論不致過謬，則「漢家堯後」此一提法背後，應隱含類似第
（4）組之觀念雛形以爲其立論之張本〔註26〕；而將此一觀念具體化，且引經
據典加以落實者，則是劉向父子。《漢書・郊祀志贊》云：

> 劉向父子以爲帝出於震，故包義氏始受木德，其後以母傳子，終而
> 復始，自神農、黃帝下歷唐虞三代而漢得火焉。故高祖始起，神母
> 夜號，著赤帝之符，旗章遂赤，自得天統矣。昔共工氏以水德閒於
> 木火，與秦同運，非其次序，故皆不永。由是言之，祖宗之制蓋有
> 自然之應，順時宜矣。（頁1270～1271）

此段論述，要旨有三：

（一）在古史系統上，劉向父子係以「伏犧」爲首出之帝；與鄒衍五德
終始以「黃帝」爲肇始，二說明顯有別。

（二）在德運論述上，劉向父子係以「木」爲首出之概念，而五行間彼
此之關係則爲「相生」，而非「相勝」。

〔註26〕 錢穆將眭弘「漢家堯後」說的提出，作爲「五德轉移改取相生說，不取相勝
說，遠在劉向前」的證據（說見：〈評顧頡剛五德終始說下的政治和歷史〉，《古史辨》，第
5冊，頁628。），其實頗待商榷。蓋眭弘之說並未詳述理據，錢文所論，實以後
起之結論解釋前出之觀念，就方法上來說，亦有「時空錯置」之蔽。在缺乏
明確證據之前，將之定位成某種「觀念雛形」，或許是比較穩當的作法。

（三）提出「閏統」之概念，將「共工」及「秦」（另有「帝摯」，說見下文）排
　　　除於「正統」之外。

而其具體闡述，則見於《漢書・律曆志》所引「《世經》」之論。〔註27〕為明
其意，茲依《漢書・律曆志》所錄，引述如下：

太昊帝　《易》曰：「炮犧氏之王天下也。」言炮犧繼天而王，為百
王先首，德始於木，故為帝太昊。……〈祭典〉曰：「共工氏伯九域。」
言雖有水德，在火木之間，非其序也。……秦以水德，在周、漢木
火之間。周人遷其行序，故《易》不載。

炎帝　《易》曰：「炮犧氏沒，神農氏作。」言共工伯而不王，雖有
水德，非其序也。以火承木，故為炎帝。

黃帝　《易》曰：「神農氏沒，黃帝氏作。」火生土，故為土德。

少昊帝　《考德》曰：少昊曰清。清者，黃帝之子清陽也，是其子
孫名摯立。土生金，故為金德。

顓頊帝　《春秋外傳》曰：少昊之衰，九黎亂德，顓頊受之，乃命
重黎。蒼林昌意之子也。金生水，故為水德。

帝嚳　《春秋外傳》曰：顓頊之所建，帝嚳受之。清陽玄囂之孫也。
水生木，故為木德。……帝摯繼之，不知世數。周遷其樂，故《易》
不載。周人禘之。

唐帝　《帝系》曰：帝嚳四妃，陳豐生帝堯，封於唐。蓋高辛氏衰，
天下歸之。木生火，故為火德，天下號曰陶唐氏。

〔註27〕《漢書・律曆志》所引「《世經》」，《漢書・郊祀志贊》以之為「劉向父子」
所論。顧頡剛則認定此說為劉歆所作，而託之於劉向。（說詳：《中國上古史講義》，
頁216～217。）錢穆則以為，「在當時據五行相生說而定漢屬火德的，決不止劉
向歆父子一家私議，更不是劉歆一人偽造。」（說見：〈評顧頡剛五德終始說下的政治
和歷史〉，《古史辨》，第5冊，頁627。）今檢《漢書》本文，其說云：「至孝成世，
劉向總六曆，列是非，作《五紀論》。向子歆究其微眇，作《三統曆》及《譜》
以說《春秋》，推法密要，故述焉。」（頁979）所謂「述」，顏注云：「自此以下，
皆班氏所述劉歆之說也。」如顏注所云，《漢書・律曆志》自「夫曆《春秋》
者，天時也」以下，乃「引述」劉歆之論；準此而言，將《世經》之說歸於
劉歆，自無不可。然換另一角度來說，劉歆所論既「究」《五紀論》之「微眇」
而成，是劉歆之說又以劉向為本；以此觀之，向、歆所論實有「傳承」之關
係，以之為「劉向父子」所論，自亦言之成理。以今日之「作者」觀衡量古
人之說，恐失之過嚴，難符其實。

虞帝　《帝系》曰：顓頊生窮蟬，五世而生瞽叟，瞽叟生帝舜，處虞之嬀汭，堯嬗以天下。火生土，故爲土德。

伯禹　《帝系》曰：顓頊五世而生鯀，鯀生禹，虞舜嬗以天下。土生金，故爲金德。

成湯　《書經·湯誓》：湯伐夏桀。金生水，故爲水德。

武王　《書經·牧誓》：武王伐商紂。水生木，故爲木德。

漢高祖皇帝　《著紀》：伐秦繼周。木生火，故爲火德。（頁 1011～1023）

爲清眉目，茲將其說表列如下：

五德正閏表〔註 28〕

木	閏	火	土	金	水	木	閏	火	土	金	水	木	閏	火	土
太昊	共工	炎帝	黃帝	少昊	顓頊	帝嚳	帝摯	堯	舜	禹	湯	武王	秦	漢	?

如《漢書·律曆志》所引《世經》之說，劉向父子在古史系統的建構上，主要是以《易傳》、〈祭典〉（即《小戴禮記》之〈祭法〉）《考德》〔註 29〕、《春秋外傳》、《帝系》及《書經》等先秦典籍爲依據；而其目的，即在證成漢爲堯後之論，並以漢當火德。爲了證成此一結論，劉向父子在論證方法上作了許多重要的調整；這些調整，主要包括以下三個層面：

（1）古史系統的重塑；

（2）論證基礎的轉換；

（3）閏統之位的設置。

就第（1）點而言，前述鄒衍之說係以「黃帝」爲首出之帝，而在帝序組

〔註 28〕　本表錄自安居香山著、田人隆譯：《緯書與中國神秘思想》（石家莊：河北人民出版社，1991 年 6 月），頁 92。

〔註 29〕　所謂「《考德》」，顏注云：「考五帝德之書也。」今檢先秦古籍，《逸周書》有〈考德〉一篇，然有目無文，當已久佚。〈周書序〉則云：「武王秉天下，論德施□，而□位以官，作〈考德〉。」（黃懷信、張懋鎔、田旭東等撰，李學勤審定：《逸周書彙校集注》〔上海：上海古籍出版社，1995 年 12 月，頁 1209。）彙校引孫詒讓云：「《漢書·律曆志》引《考德》，即此。」又引劉師培之說云：「繹審其義，所言蓋官人之法，而《世經》所引，則爲少昊名青陽事，當與《大戴禮·五帝德》相類似，與此篇靡涉。」（前揭書，頁 476）王葆玹則以爲顏注所謂「五帝德」應是書名，意謂「考《五帝德》之書」。（說見：《西漢經學源流》〔臺北：東大圖書有限公司，1994 年 6 月〕，頁 335。）諸說有別，未知孰是。文獻有闕，存之可也。

合上僅涉及黃帝、夏、商、周及即將應運而出之下一代，凡五代而已。劉向父子則不然。其說係以「伏犧」爲首出之帝，其所涉及之帝序則含攝伏犧、共工等，凡十五代。〔註30〕

就第（2）點而言，前述鄒衍之說係以「五德相勝」爲基準；而劉向父子則改採「五德相生」之論述模式。故云「火承木」、「火生土」、「土生金」、「金生水」、「水生木」。

就第（3）點而言，前文業已指出，在五德相勝之論證基準上，漢初學者凡主漢爲水德者，必將秦排除於正統之外（董仲舒三統說亦有類似「黜秦」之觀點）；而主漢爲土德者，必承認秦之正統地位。換言之，漢之德運的釐定，從某種程度上來說，實取決於是否承認秦政權之合法性。劉向父子所論，也有同樣之問題。然在方法上，劉向父子並非藉由「黜秦」之方式，直接將秦「摒除」於歷史之外，而是透過「閏統」之說加以定位。「閏統」之設置，實爲劉向父子精心之設計。蓋秦滅六國而一統天下，雖說國祚甚短，但若視而不見、甚或摒而棄之，未免於歷史之實際發展情況不合。在不願承認秦政權之合法性、且又必須顧及歷史發展之實際情況的前提下，劉向父子於是提出「閏統」之概念。所謂「閏統」，其實就如同「閏年」、「閏月」、「閏日」一樣；它是「多出來的」，但卻又不能加以「取消」。既然不能取消，於是只有透過「置閏」的方式，從另一角度「否定」其「正統」之地位。然就歷史發展而言，歷代帝王非僅一家，若僅置秦於「閏統」，未免過於突兀；職是之故，劉向父子乃以「共工」及「帝摯」作爲「陪襯」，從而建構出一有別於諸書之帝序組合系統。

如上表所示，在劉向父子所建構之帝序系統中，凡木、火之間皆有「非其序」的現象出現。既然歷史上於木、火之間皆有「非其序」的「突變」現象產生，則秦處周（木）、漢（火）之間，正與「共工」、「帝摯」所處地位相同；以此觀之，秦「非其序」，殆毋庸置疑！秦既然處於「非其序」之位置，其非

〔註30〕 案：顧頡剛以爲古史存有兩大系統，一是以黃帝爲首一帝，與鄒衍符合的系統，稱爲「前期五帝說」；一是以伏犧爲首一帝，此乃秦以後的古史說，稱爲「後期五帝說」。前期五帝說的依據是《國語》、《五帝德》、《帝系》、《呂氏春秋》和《史記》；後期五帝說的根據則爲《淮南子》、《莊子》、《易傳》和《戰國策》。且認爲兩種系統各有畛域，「不容相混」。（說詳：〈五德終始說下的政治和歷史〉，頁464。）顧說雖別具卓識，然《世經》以伏犧爲首一帝，但其說卻屢引《帝系》之論，足見這兩種系統並非全然不相容。惟此論題並非本文討論之重點，茲不詳述。

「正統」，亦屬理之必然。此一作法，與張蒼「黜秦」是爲了定漢德於「水」，其實並無二致。

綜上所論，劉向父子爲了證成漢當火德之結論，不僅重塑古史系統，在論證方法上也揚棄了五德相勝之說，而代之以五德相生之論；另爲解釋秦之地位問題，劉向父子又別出心裁提出「閏統」之觀點，將秦置於「非其序」之地位，而漢爲火德，自此遂定於一尊。「五德相生」之論證基準，從此也取代了「五德相勝」之論述模式，成爲爾後王命論述之主要理論基礎。其後王莽篡漢，即依此一理論而自居「土德」，故《漢書・王莽傳》云：「赤德氣盡，……黃德當興。今百姓咸言皇天革漢而立新，廢劉而興王。」(頁4108～4109) 讖緯之說，基本上亦沿襲此一論證基準；惟讖緯所論，在原有之理論基礎下又有所增益，並非僅是承襲舊說而已。茲就現存緯書佚文所論，略爲分述如后。

第三節　讖緯王命論述的形成

如前所述，在漢帝國王命來源此一議題上，漢儒所論雖間有不同，然其論證方法，主要是以五德終始與三統說爲準據——前者取其歷史發展之形式架構，後者則用其改制作科之實質內涵。而其要旨，則可歸結爲以下三個層面：一、王者之興，必有祥瑞；二、王者之運，依五德終始之歷史發展模式依次更迭；三、王者之立，必改制作科。這三個層面，基本上均爲讖緯所承。惟緯書所論，在既有之理論基礎上又廣爲增益，進而架構出一有別於舊說之王命論述機制。此一論述機制，主要含攝以下四個層面：感生、異表、德運與符命。就理論傳承的角度而言，這四個層面實皆以舊說爲本；然其整合之企圖及論述重心之轉向，則又另出新意，而與舊說判然有別。

一、帝王感生

帝王感生，其說至遲可追溯至殷商之際。如《詩・商頌・玄鳥》云：「天命玄鳥，降而生商。」(頁88) 從哲學思考的角度來說，感生觀念的出現，當與先民對於生命之本源的理解有關；然就「天（帝、神）人交感」之所以可能這點而言，其中必寓含一個非常重的要的「哲學假設」：宇宙萬物之本質爲一。只有在此一前提下，天人交感才有可能，也才得以解釋。故《易乾鑿度》云：

> 易始於太極，太極分而爲二，故生天地。天地有春秋冬夏之節，故生四時。四時各有陰陽剛柔之分，故生八卦。……八卦之序成立，

則五氣變形。故人生而應八卦之體，得五氣之之常。（頁7～10）

依〈乾鑿度〉所述，宇宙萬物皆生於「易」，而「易」則透過「氣」以顯其化育萬物之作用。既然宇宙萬物皆由氣所構成，則天人之本質爲一；天人之本質爲一，故天人交感乃得以成立。然而，既然人皆稟受天地之氣而生，又何以會有上爲天子、下爲庶民之別？依緯書之意，此乃稟氣有別之緣故。《春秋演孔圖》云：

正氣爲帝，間氣爲臣，宮商爲姓，秀氣爲人。（頁573）

帝之所以爲帝，主要是因爲稟受了天地之「正氣」而生。所謂「正氣」，依緯書之觀點，其實就是「五帝精」。如《春秋演孔圖》云：「天子皆五帝精。」（頁581）《春秋保乾圖》則云：「天子，至尊也。神精與天地通，血氣含五帝精。注云：人受天地氣而生，故精神與天地通。天愛之、子之也。」（頁1806）至於「五帝精」之詳細內容，《春秋文曜鉤》云：

太微宮有五帝座星：蒼帝春起受制，其名靈威仰；赤帝夏起受制，其名赤熛怒；白帝秋起受制，其名白招拒；黑帝冬起受制，其名汁光紀；黃帝季夏六月土受制，其名含樞紐。

東宮蒼帝，其精爲青龍；南宮赤帝，其精爲朱鳥；西宮白帝，其精爲白虎；北方黑帝，其精爲玄武；中宮大帝，其尊北極星，含元出氣，流精生一。（頁662）

天子皆感五帝之精而生，故其「出身」當然與一般人不同。帝王之生命源於天之正氣，則帝王在稟受生命之源的同時，自也一併稟受著依於天而來的基本屬性：從天（帝、神）高高在上而言，則帝王之出身有其源自於天之「神聖性」；就血脈傳承而言，帝王乃天之愛子，故其血緣直承於天，有其源自於天之「正統性」。因此，從王命論述的角度來說，帝王感天而生，無非是藉此標舉其「出身之神聖性」與「血緣之正統性」；符合這兩大要件，則其政權的取得，就有來自於天之合法性基礎。〔註31〕也正因爲感生神話涉及政治或與政治人物有

〔註31〕孫廣德認爲，政治神話的造作，其功能在於：1、權威的形成與維持；2、心理的安慰與平衡；3、傳統的加強；4、道德的加強；5、部分與全體的認同；6、加強信心給予希望；7、供給行爲模式賦予價值意義。說見：《政治神話論》（臺北：臺灣商務印書館，1980年9月），第四章，〈政治神話的功能〉，頁137～151。楊晉龍更明確指出，從政治的角度來說，帝王感生是用來解說取得政權「合法性」的理論根據。說見：〈神統與聖統——鄭玄王肅「感生說」異解探義〉，《中國文哲研究集刊》，第3期（1993年3月），頁522。

關，且通常透過「神話」的形式加以表述，故學界亦稱之爲「政治神話」。〔註32〕

在先秦典籍中，此類政治神話雖有（如前引〈玄鳥〉之詩），但不多見。〔註33〕至司馬遷撰《史記》，類似神話才有愈衍愈多之趨勢，而成歷代帝王「奉天承運」所不可或缺之必要條件。〔註34〕其說云：

> 殷契，母曰簡狄，有娀氏之女，爲帝嚳次妃。三人行浴，見玄鳥墮其卵，簡狄取吞之，因孕生契。（〈殷本紀〉：頁91）

> 周后稷，名棄。其母有邰氏女，曰姜原。姜原爲帝嚳元妃。姜原出野，見巨人跡，心忻然說，欲踐之，踐之而身動如孕者。居期而生子。（〈周本紀〉：頁111）

> 秦之先，帝顓頊之苗裔孫曰女脩。女脩織，玄鳥隕卵，女脩吞之，生子大業。（〈秦本紀〉：頁173）

> （高祖）母曰劉媼。其先劉媼嘗息大澤之陂，夢與神遇。是時雷電晦冥，太公往視，則見蛟龍於其上。已而有身，遂產高祖。（〈高祖本紀〉：頁341）

上引《史記》之說，同時兼攝「聖王同祖」（聖統：以稟受聖王血胤爲正統）與「帝王感生」（神統：以稟受天帝神跡爲正統）兩大論題。〔註35〕就「聖王同祖」而言，茲參照〈五帝本紀〉所述，圖列說明如下〔註36〕：

〔註32〕說詳孫廣德：《政治神話論》，第二章，〈政治神話的意義與本質〉，頁95。

〔註33〕就筆者管見所及，先秦典籍論及「感生」之說者，除上引《詩經》以外，另僅見於《楚辭》。如〈天問〉云：「簡狄在臺嚳何宜？玄鳥致貽女何喜？」（頁63）〈懷沙〉云：「高辛之靈晟兮，遭玄鳥而致詒。」（頁92）

〔註34〕正史所載帝王感生事跡頗多，詳參孫廣德：《政治神話論》，附錄，〈我國正史中的政治神話〉，頁218～228。

〔註35〕就理論上而言，「聖王同祖」與「帝王感生」是不能同時並存的。蓋前者主張「聖王有父」、後者強調「聖王無父」；二說之理論設準，顯然相去甚遠。雖然二說之理論設準有別，但從「聖王同源」的角度來看，這兩種說法實亦殊塗同歸。這或許是司馬遷兼採二說的主要原因。這兩種關於帝王出身之不同說法，在東漢末年引發鄭玄、王肅有關「神統」與「聖統」之辨，成爲兩漢經學史上頗受關注的議題之一。至於鄭、王之辨的詳細情形，請參楊晉龍：〈神統與聖統——鄭玄王肅「感生說」異解探義〉，頁508～521。

〔註36〕本表參考顧頡剛：《中國上古史研究講義》，頁104。

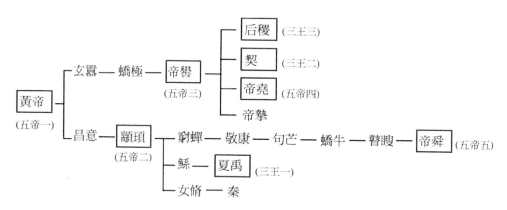

如上表所示，從顓頊至秦，歷代帝王在血緣上均直承於黃帝，同為黃帝血胤之後。此一血緣上的「同源」關係，從王命論述的角度來說，無非是在強調王命繼承者必須有其「血緣」上的「正統性」，並藉此論證「政權」取得的「合法性」。就「帝王感生」而言，其義可分述如下：

（一）就帝王感生系譜之建置而言：

《史記》所載帝王感生事蹟，其說雖僅及於殷商以降，然帝王感生系譜之建置，在《史記》之相關說法中，實已初具規模。

（二）就秦之地位而言：

在《史記》所建構之帝王感生系譜中，秦亦佔有一席之地〔註37〕；以此觀之，在司馬遷的理解中，秦之政權的取得實有其源自於天之合法性基礎。此與前文主漢為土德者必承認秦之政權合法性的觀點相符。從此一角度來說，司馬遷之所以承認秦政權之合法性，實奠基於「五德終始」及「帝王感生」這兩種不同的理論基準；或者說，司馬遷對於政權合法性之基礎的理解，已有含攝五德終始與帝王感生的傾向。〔註38〕

〔註37〕 秦帝感生之說，未見先秦典籍所載；兩漢以後文獻徵引秦帝感生之說者，則皆歸本於《史記》。如《詩·國風·秦譜》疏（頁232）；《藝文類聚》卷92〈鳥部〉（頁1596）；《太平御覽》卷86〈皇王部〉（頁536）、卷360〈人事部〉（頁1787）、《文獻通考》卷262〈封建考〉（頁2072）等。因此，從文獻記錄的角度來說，秦帝感生之說，或即首出於《史記》。

〔註38〕 當然，這只是本文根據《史記》及前引《漢書·郊祀志》所作出的判斷。蓋漢初對於朝代更迭，其所取者乃「五德相勝」之義，與「聖王同祖」或「帝王感生」強調「血緣相承」，二說顯然大異其趣。而讖緯之所以大量出現感生之論，蓋彼時五德終始已從「相勝」轉換為「相生」，正與帝王感生之血緣「相承」意旨相符，故二說可以融為一體，而於理論上若合符契。又，《毛詩正義》

（三）就高祖受命之資格而言：

　　《史記》所載商、周、秦皆同時具備帝王感生之兩大要素：出身
之神聖性與血緣之正統性。惟獨對於高祖之「血統」來源著墨不
多。從歷史之實然層面而言，高祖出身黎庶，其「血統」本無足
稱述；《史記》所載，蓋亦如實言之。然就帝王受命之「資格」而
言，則高祖雖有其出身之神聖性；然缺乏血緣之正統性，實亦美
中不足。〔註 39〕前述睦孟提出「漢家堯後」之主張，從此一角度
來說，即是企圖將漢家之血緣直承於堯，進而從血緣正統性的角
度，來論證漢政權的合法性。

（四）就與五德終始之關係而言：

　　前述漢初以來有關漢德之爭，在學者之相關論述中，諸家所論殆
據五德終始，並未援帝王感生以立說。就此而言，在漢初王命論
述此一議題上，帝王感生顯然尚未提升至王命論述此一層次。漢
初君臣所在意的，主要仍是德運之問題。

　　以上所論，乃藉《史記》之說以推闡帝王感生之義蘊，並由此申述帝王
感生所涉及之相關論題。《史記》以降，論及帝王感生最為周備者，則非讖緯
莫屬。在現存緯書佚文中，與帝王感生有關之條文頗多；然其內容大體相近，

疏引《五經異義》云：「《詩》齊、魯、韓，《春秋公羊》說：聖人皆無父，感
天而生。《左氏》說：聖人皆有父。」（頁 590）依孔疏所云，則帝王感生實為兩
漢今文學之通義，讖緯之說，實與今文系統相合。

〔註39〕或許正是因為高祖之「血統」不明，故高祖初為沛公之時，第一件事便是「祠
黃帝」。高祖此舉，其政治目的極為明顯：藉由「祠黃帝」以宣示其血緣源於
黃帝，進而論證其代秦而起之合法性。《史記》之後，史家或有感於高祖「血
統」不明，於是乃有「追溯血緣」之舉。如《漢書・高帝紀贊》云：「春秋晉
史蔡墨有言，陶唐氏既衰，其後有劉累，學擾龍，事孔甲，范氏其後也。而
大夫范宣子亦曰：『祖自虞以上為陶唐氏，在夏為御龍氏，在商為豕韋氏，在
周為唐杜氏，晉主夏盟為范氏。』范氏為晉士師，魯文公世奔秦。後歸于晉，
其處者為劉氏。劉向云戰國時劉氏自秦獲於魏。秦滅魏，遷大梁，都于豐，
故周市說雍齒曰『豐，故梁徙也』。是以頌高祖云：『漢帝本系，出自唐帝。
降及于周，在秦作劉。涉魏而東，遂為豐公。』豐公，蓋太上皇父。其遷日
淺，墳墓在豐鮮焉。及高祖即位，置祠祀官，則有秦、晉、梁、荊之巫，世
祠天地，綴之以祀，豈不信哉！」（頁 81）《漢紀》則云：「昔在陶唐氏之後，
有劉累者，以御龍事孔甲，為御龍氏，在商在為豕韋氏，在周為杜唐氏，其
適晉者為范氏，別處秦者為劉氏。當戰國之時，劉氏徙於魏，遷於沛之豐邑，
處中陽里，而高祖興焉。」（頁 2）

僅文字詳略有別而已。爲免冗贅，茲略引說明如下：

伏犧 （太昊）	大跡出雷澤，華胥履之，生伏犧。《詩含神霧》；頁461）
	華胥於雷澤履大人之□，生伏犧。（《河圖稽命徵》；頁1179）〔註40〕
炎帝 （神農）	少典妃安登，遊於華陽，有神龍首，感之於常羊，生神農。（《春秋元命苞》；頁589）
	女登遊於華陽，有神龍首，感女登於常陽山，而生神農。（《河圖稽命徵》；頁1179）
黃帝 （軒轅）	大電光繞北斗樞星，照郊野，感附寶而生黃帝。（《詩含神霧》；頁461）
	附寶之郊野，大電繞斗，樞星耀，感附寶生軒。（《河圖始開圖》；1105）
少暤 （朱宣）	大星如虹，下流華渚，女節夢接，意感而生朱宣。（《春秋元命苞》；590）
	大星如虹，下流華渚，女節氣感，生白帝朱宣。（《河圖稽命徵》；1180》）
顓頊 （高陽）	瑤光如蜺貫月，正白，感女樞，生顓頊。（《詩含神霧》；462）
	搖光之星如虹貫月，正白，感女樞於幽房之宮，生帝顓頊。（《河圖著命》；頁1189）
帝嚳	未見。
堯 （陶唐）	慶都與赤龍合昏，生赤帝伊祁，堯也。（《詩含神霧》；頁462）
	堯火精，故慶都感赤龍而生。（《春秋元命苞》；頁591）
舜	握登見大虹，意感而生帝舜。（《詩含神霧》；頁462）
	握登見大虹，意感，生舜於姚墟。（《河圖稽命徵》；頁1180）
禹	禹姓姒，祖昌意，以薏苡生。（《尚書刑德放》；頁381）
	修紀山行見流星，意感栗然，生姒戎文禹。（《尚書帝命驗》；369）
商	玄鳥翔水，遺卵于流；娀簡吞之，生契封商。（《尚書中候契握》；頁447）
	扶都見白氣貫月，感黑帝，生湯。（《詩含神霧》；頁462）
周	姜源履大人之跡，生后稷。（《河圖》；頁1222）
	周姓姬氏，祖以履大人跡生也。（《尚書刑德放》；頁381）
	太任夢長人感己，生文王。（《詩含神霧》；頁463）
＊孔子	孔子母徵在，夢感黑帝而生，故曰玄聖。（《春秋演孔圖》；頁576）
	叔梁紇與徵在禱尼丘山，感黑龍之精，以生仲尼。（《論語譔考讖》；頁1069）

〔註40〕伏犧所履之「跡」爲何，古籍所載有異，近人之說亦有不同之見解。袁珂以爲是雷神之跡，說見：《中國古代神話》（上海：上海商務印書館，1957年7月），頁47；何星亮則以爲是蛇跡，說見：《中國圖騰文化》（北京：中國社會科學出版社，1992年11月），頁225；陸思賢則以爲當與花圖騰有關，說見：《神話考古》（北京：文物出版社，1995年12月），頁20～21。諸說有別，未詳孰是。然無論如何，伏犧感神跡而生，卻是不爭之事實。

＊皋陶	堯爲天子，季秋下旬，夢白虎遺吾馬啄子。其母曰扶始，升高丘，睹白虎，上有雲，感已生皋陶。（《春秋元命苞》；頁 592）
高祖	含始吞赤珠，刻曰玉英，生漢皇。後赤龍感女媼，劉季興。（《詩含神霧》；頁 463）
	劉媼夢赤鳥如龍，戲己，生執嘉。（《春秋握誠圖》；頁 826）

上引讖緯感生之說，若比觀前引《史記》所論，其義可分述如下：

1、就帝王感生系譜之建置而言：

《史記》所載帝王感生之論，其說僅及殷商以降諸帝。讖緯則往前溯及夏禹以上諸帝，文王以下，又增列孔子感生之事蹟；而於秦帝感生，讖緯不取《史記》之說，而是另從「皋陶」的角度立論。惟獨「帝嚳」，在現存緯書佚文中，並未發現任何感生之記載。就「帝嚳」而言，顧頡剛以爲，讖緯所言「各帝皆有感生之文而此（案：指帝嚳）獨缺，蓋偶未被引，遂致失傳也。」〔註41〕其說或然。至於將孔子納入感生之列，則與素王及《春秋》爲漢制法之說有關，另詳下文。而有關皋陶之說，一般最爲人所熟知者，乃皋陶「作士」，典理獄政之事〔註42〕；然皋陶爲秦之先祖，就鮮爲論者所提及。前引《史記・秦本紀》云：「秦之先，帝顓頊之苗裔孫曰女脩。女脩織，玄鳥隕卵，女脩吞之，生子大業。」注云：「《列女傳》云：『陶子生五歲而佐禹。』曹大家注云：『陶子者，皋陶之子伯益也。』按此即知大業是皋陶。」（頁 173）又《詩經・秦譜》疏云：「堯有伯翳者，實皋陶之子。」（頁 232）依張注及孔疏之說，皋陶爲秦之先祖，殆毋庸置疑。以此觀之，讖緯實以秦之先祖感「白虎」而生，與《史記》之說有別。〔註43〕

2、就帝王感生之論述而言：

《史記》將「帝王感生」與「聖王同祖」併連而論，似有兼取「神統」

〔註41〕《中國上古史研究講義》，頁 277。

〔註42〕《尚書・舜典》云：「（帝曰）寇賊姦宄，汝作士。五刑有服，五服三就；五流有宅，五宅三就。」（頁 44～45）《說苑・君道》則云：「當堯之時，……皋陶爲大理。」（頁 9）

〔註43〕在安居香山之相關說法中，似有以帝嚳「感大跡」而生，而秦帝感「玄鳥卵」而生之意。說見：《緯書與中國神秘思想》，頁 96；《緯書》（東京：明德出版社，昭和 44 年 8 月），頁 135；《緯書の成立とその展開》（東京：圖書刊行會，昭和 54 年 2 月），頁 426。就帝嚳而言，本文認爲安居之說或可成立；然就秦帝而言，安居之說乃以《史記》所論取代讖緯之觀點，其誤自不殆言。

與「聖統」之傾向。讖緯則專取「帝王感生」之義，「神統」之優位性顯然已經超越「聖統」，而成緯書有關帝王出身之惟一論述。

3、就帝王感生之型態而言：

前引《史記》感生之說，主要是指母體與某一「神物」（如玄鳥、大跡、蛟龍等）「交感」而生；此種感生類型，可名之曰「神物感生」。讖緯所論，除延襲此類說法外，又造爲「星象感生」之論，以爲帝王之生乃感天上某一星辰而來。如黃帝感「北斗樞星」而生、少皞感「大星」而生、顓頊感「瑤光」而生等等。

4、就與五德終始之關係而言：

前文業已指出，漢初學者對於漢之德運雖有不同看法，然其論證基礎卻頗一致：均以「五德終始」爲論證基準。「帝王感生」雖說與帝王受命有關，但並未提升至「王命論述」此一層次。讖緯之說則不然。爲明其意，茲將上引讖緯之說圖示表列如下：

歷代帝王感生一覽表

五德 感生 帝王	木	火	土	金	水
伏羲	大人跡				
神農		龍			
黃帝			大霓、光電		
少昊				大星	
顓頊					瑤光之星
帝嚳	大跡				
堯		赤龍			
舜			大虹		
禹				流星、薏苡	
契 湯 （秦） （孔子）					玄鳥卵 白氣 （白虎） （黑龍）
后稷 文王	大跡、長人				
漢高祖		赤龍、赤鳥			

如上表所示，讖緯有關帝王感生之論述，主要是以五德終始爲基準所建構而成的。故凡屬木德王者，皆感大人跡而生〔註 44〕；凡屬火德王者，皆感赤龍而生，餘此類推。〔註 45〕以此觀之，讖緯顯然已將帝王感生納入王命論述此一層次，而與帝王受命有直接關係。

綜上所述，感生之說雖來源甚古，但完整建構出歷代帝王感生之系譜，並將感生之說提升至王命論述此一層次，且與五德終始之論述架構結合爲一者，其說實首見於讖緯。惟就現存緯書佚文觀之，帝王感生雖爲受命之要件，然此一要件似乎僅是「必要條件」（有之不必然，無之必不然），而非「充要條件」（有之必然，無之必不然）。理由有二：

(1) 如下文所述，讖緯對於秦之定位，實際上是將之列於「非命王」之位置。秦既「非命王」，但其先祖卻又感天而生；以此觀之，帝王感生實非受命而王之「充要條件」。

(2) 讖緯所述諸帝大體皆有感生之文，然非「受命而王」者，亦有感生之事蹟。如《春秋演孔圖》云：「孟子生時，其母夢神人乘雲自泰山來，將止於嶧。母凝視久之，忽片雲墜而寤。」（頁 580）《論語讖》則云：「子路感雷精而生。」（頁 1083）孟子、子路均有感生之事蹟，但二人並非受命之王；感生非帝王受命之「充要條件」，於此亦可略窺其要。

二、聖王異表

聖王異表，其說亦由來已久。如《荀子・非相》云：「徐偃王之狀，目可瞻馬；仲尼之狀，面如蒙倛；周公之狀，身如斷菑；皋陶之狀，色如削瓜；閎夭之狀，面無見膚；傅說之狀，身如植鰭；伊尹之狀，面無須麋；禹跳、湯偏；堯、舜參牟子。」〔註 46〕雖然聖王異表之說來源甚古，然在早期史料

〔註44〕 鄭注《易通卦驗》「帝跡術感」云：「震爲足，故蒼帝之興，多以跡感，後稷之生則然。」（頁 194）依鄭注所云，則緯書帝王感生似有依卦象以爲說者。

〔註45〕 當然，其中有些是例外的。如禹祖感「薏苡」而生，禹則感「流星」而生。又，契感「玄鳥卵」而生，湯則感「白氣」而生。之所以會有如此「歧出」之現象，就禹而言，禹祖感「薏苡」而生，乃爲了解釋其「姒」姓之由來；而禹感「流星」而生，則是爲了突顯其「五帝精」之地位。就契與湯而言，此則與三統、五德之說有關。蓋依三統，商屬正白統，故湯感白氣而生；而依五德終始，商爲水德，其色黑，故契感玄鳥卵而生。相關論題，另詳下文。

〔註46〕 〔清〕王先謙：《荀子集解》（北京：中華書局，1988 年 9 月），頁 73。

中，聖王異表並不具有任何特殊之政治寓意。如《太平御覽》卷382〈人事部〉引《尸子》云：

> 禹長頸鳥喙，面目顏色惡矣。天下猶獨賢之。（頁1892）

又卷363〈人事部〉引《尚書大傳》云：

> 堯八眉、舜四瞳子、禹其跳、湯扁、文王四乳。八者，如八字者也；
> 其跳者，踦也；原注：其發聲也踦步足不能相過也。扁者，枯也。原注：言湯體
> 半小象扁枯。言皆不善也。（頁1800）

如《太平御覽》所引《尸子》及《尚書大傳》之說，「異表」不僅不具任何象徵意義；且如文中所述，此異於常人之外形實屬「惡」、「不善」之例，更遑論以其為聖王受命之資。然而，聖王雖說面目顏色皆不善，但卻無礙於其成為聖王之事實。何則？蓋聖之所以為聖，在德不在貌。故《孔叢子・居衛》云：

> 昔堯身修十尺，眉分八彩，實聖。舜身修八尺有奇，面頷無毛，亦
> 聖。禹、湯、文、武及周公，勤思勞體，或拆臂望視，或禿骭背僂，
> 亦聖，不以鬢眉美鬢為稱也。人之賢聖在德，豈在貌乎？〔註47〕

降及兩漢，聖王（或聖賢）異表亦間有所聞。如《史記・高祖本紀》云：「高祖為人，隆準而龍顏，美須髯，左股有七十二黑子。」（頁342）又，《淮南子・脩務》云：

> 若夫堯眉八彩，九竅通洞，而公正無私，一言而萬民齊；舜二瞳子，
> 是謂重明，作事成法，出言成章；禹耳參漏，是謂大通，興利除害，
> 疏河決江；文王四乳，是謂大仁，天下所歸，百姓所親；皋陶馬喙，
> 是謂至信，決獄明白，察於人情；禹生於石；契生於卵；史皇產而
> 能書；羿左臂脩而善射、若此九賢者，千歲而一出，猶繼踵而生。（頁
> 641～642）

如上引文所示，《淮南子》之說雖未涉及帝王受命之問題，但就其整體之表述方式觀之：堯眉八彩——公正無私；舜二瞳子——作事成法；禹耳三漏——興利除害；文王四乳——天下所歸；皋陶鳥喙——決獄明白，則在《淮南子》之觀念中，聖王之「功蹟」與「異表」之間，當有某種程度的關聯性。而將聖王異表與帝王受命併連而論者，當以董仲舒為伊始。《春秋繁露》〈三代改

〔註47〕舊題〔秦〕孔鮒撰：〔宋〕宋咸注：《孔叢子》（成都：四川人民出版社，1997
年5月，《諸子集成補編》本），頁89。

制質文〉云：

> 故天將授舜，主天法商而王，祖錫姓爲姚氏。至舜，形體大上而員
> 首，而明有二童子。性長於天文，純乎孝慈。天將授禹，主地法夏
> 而王，祖錫姓爲姒氏。至禹，生發於背，形體長，長足胈，疾行先
> 左，隨以右，勞左佚右也。性長於行，習地明水。天將授湯，主天
> 法質而王，祖錫姓爲子氏。謂契母吞玄鳥卵生契，契先發於胸，性
> 長於人倫。至湯，體長專小，足左扁而右便，勞右佚左也。性長於
> 天光，質易純仁。天將授文王，主地法文而王，祖錫姓姬氏，謂后
> 稷母姜原，履天之跡，而生后稷。后稷長於邰土，播田五穀。至文
> 王，形體博長，有四乳而大足，性長於地文勢。（頁212～213）

董生所論，雖未明言帝王受命以異表爲要件，但從「天將授舜，……形體大
上而員首，而明有二童子」、「天將授禹，……生發於背，形體長，長足胈」、
「天將授湯，……體長專小，足左扁而右便」、「天將授文王，……有四乳而
大足」這些說法來看，董仲舒顯然認爲帝王受命與異表有關。且觀「稷母姜
原，履天之跡，而生后稷」之論，董生之說實又涉及帝王感生之問題。將受
命、感生、異表融爲一體，是董生所論，又實已略具讖緯王命論述之雛形。
惟董生之意乃在三統理論之建構，異表之說似乎僅是偶然提及，尚不足以形
成某種獨立之理論系統。讖緯之說則不然。在現存緯書佚文中，緯書作者不
僅試圖從理論上對聖王異表予以說明，且將之與受命、德運、感生等結合爲
一體，成爲讖緯王命論述所不可或缺之組成要素。就聖王異表之理論根據而
言，前引《易乾鑿度》云：

> 易始於太極，太極分而爲二，故生天地。天地有春秋冬夏之節，故
> 生四時。四時各有陰陽剛柔之分，故生八卦。……八卦之序成立，
> 則五氣變形。故人生而應八卦之體，得五氣之之常。（頁7～10）

人感天地之氣而生，然因所稟五行、八卦之氣有別，故在「形體」上亦有先
天的差異。有關「五行之氣」，《春秋演孔圖》云：

> 正氣爲帝，間氣爲臣，宮商爲姓，秀氣爲人。注曰：正氣，謂若木
> 人則得蒼龍之形，靈威仰之氣；火人得朱鳥之形，赤熛怒之氣。以
> 生比之也。間氣則不苞一行，各受一星以生，若蕭何感昴精、樊噲
> 感狼精、周勃感亢精者也。（頁573）

人因稟氣有別，故所得形體亦異。稟得「正氣」者，因受五帝之精而生，故

在形體上亦體現出五帝之形貌；而稟得「間氣」者，因不屬五帝精之一，故僅能得一星之形體；而一般人稟得「秀氣」，故僅能擁有一般之形貌，而無任何特殊之異徵。至於「八卦之氣」，《易是類謀》云：

> 孔子曰：〈復〉，表日角；〈臨〉，表龍顏；〈泰〉，表戴干；〈大壯〉，表握訴、龍角大辰；〈夬〉，表升骨履文；〈垢〉，表耳參漏、足履王、知多權；〈遯〉，表日角連理；〈否〉，表二好文；〈觀〉，表出準虎；〈剝〉，表重童明曆元。（頁282）

人之形體隨著所感八卦之氣的不同，故表現在形體上，亦有日角、龍顏、戴干……等之不同特徵。至於聖王異表之詳細論述，茲略引說明如下：

伏犧	伏犧大目，是謂舒光；作象八卦，以應天樞。（《春秋演孔圖》；頁573）
	伏羲龍身牛首，渠肩達掖，山準日角，奯目珠衡，駿毫鼷鼠，龍唇龜齒，長九尺有一寸，望之廣，視之專。（《春秋合誠圖》；頁762）
炎帝	神農長八尺有七寸，弘身而牛頭，龍顏而大唇，懷成鈐，戴玉理。（《孝經援神契》；頁965）
黃帝	黃帝龍顏，得天庭陽；上法中宿，取象文昌。（《春秋演孔圖》，頁574）
	黃帝身逾九尺，附函挺朵，修髯花瘤，河目龍顙，日角龍顏。（《孝經援神契》；頁965）
少暤	少昊秀外龍庭，月懸通叶。（《河圖握矩記》；頁1145）
顓頊	顓瑞併幹，上法月參；集威成紀，以理陰陽。（《春秋元命苞》；頁590）
帝嚳	帝嚳戴干，是謂清明；發移節度，蓋象招搖。（《春秋元命苞》；頁591）
	帝嚳駢齒，上法日參，秉度成紀，以理陰陽。（《河圖握矩記》；頁1144）
堯	堯眉八彩，是謂通明；曆象日月，璇璣玉衡。（《春秋元命苞》；頁591）
	堯鳥庭，荷勝，八眉。注曰：堯，火精之人也。鳥庭，庭有骨表，取象朱鳥與太微庭也。朱鳥戴聖，荷勝似之。八眉，眉彩色有八。（《孝經援神契》；頁965）
舜	舜重瞳子，是為慈原；上應攝提，下應三光。（《春秋元命苞》；頁592）
	舜長九尺，員首，龍顏日衡，方庭大口，面頤亡髮，懷珠握褒，形擲婁色黶露，目童重萌，衡眉骨圓起，頤含。（《春秋合誠圖》；頁778～779）
禹	禹耳三漏，是謂大通；興利除害，決河疏江。（《禮緯》；頁531）
	禹尺有咫，虎鼻河目，駢齒鳥喙，耳三漏，戴鈐，懷玉斗，玉肝〔肝〕，履己。注云：戴鈐，有骨表如鉤鈐星。玉斗，胸有黑子如北斗。（《春秋合誠圖》；頁779）
商	湯臂三肘，是謂柳翼；攘去不義，萬民蕃息。（《禮緯》；頁531）
	湯臂四肘，是謂神剛；象月推移，以綏四方。（《春秋元命苞》；頁592）
周	文王四乳，是調至仁；天下所歸，百姓所親。（《春秋演孔圖》；頁576）
	文王四乳，是謂含良；蓋法酒旗，布恩舒惠。（《春秋元命苞》；頁594）

*孔子	孔子反字〔宇〕，是謂尼父；立德澤世，開萬世路。（《春秋演孔圖》；頁 576）
	孔子長十尺，大九圍，坐如蹲龍，立如牽牛，就之如昂，望之如斗。（《春秋演孔圖》；頁 576）
皋陶 秦始皇	皋陶鳥喙，是爲至誠；決獄明白，察於人情。（《春秋演孔圖》；頁 575）
	秦距之帝名政，虎口日角，大目隆鼻，長八尺六寸。（《河圖稽命徵》；頁 1180）
高祖	帝季劉，日角，戴北斗，胸龜背龍，身長七尺八寸。（《河圖稽命徵》；頁 1179）
	帝季，日角，戴勝，斗胸，龜背，龍股，長七尺八寸。（《河圖提劉篇》；頁 1185）

　　如上引文所示，讖緯有關聖王異表之論述，在形式上似乎存在兩種不同之系統：其句法結構較爲整齊者，疑即從上引《淮南子》之說引申而來；而句法結構不一者，似又出於《尸子》、《尚書大傳》、《春秋繁露》一系。與帝王感生之說相較而言，緯書作者雖認爲聖王異表與五行之氣有關，然在實際論述上，並未將聖王異表與五德論述嵌合而爲一；故上引諸說，實未見與五行之氣有任何之關連。雖然如此，帝王受命與異表有關，則是不爭之事實。不過，帝王受命雖與異表有關，但此一關係似亦僅止於受命之「必要條件」，而非「充要條件」；故秦帝雖「非命王」，但卻有異表之特徵。除此之外，現存緯書佚文有關異表之論述，尚含攝許多與帝王無關者，例如：

武王	武王駢齒，是謂剛強；取象參房，誅害以從天心。（《春秋元命苞》；頁 595）
周公	周公背僂，是爲強俊；成就周道，輔於幼主。（《春秋演孔圖》；頁 576）
倉頡	倉頡四目，是謂並明。（《春秋演孔圖》，頁 574）
太公	太公大口，鼻有伏藏。（《論語捕輔象》；頁 1073）
伊尹	伊尹大而短，赤色而髯好，偃而下聲。（《春秋演孔圖》；頁 576）
顏回	顏回有角額，似月形。（《論語譔考讖》；頁 1068）
曾子	曾子珠衡犀角。（《論語捕輔象》；頁 1073）
子貢	子貢山庭，斗繞口。（《論語捕輔象》；頁 1073）
樊遲	樊遲山額，有若月衡，反宇陷額，是謂和善。（《論語捕輔象》；頁 1073）
蕭何	漢相蕭何，長七尺八寸，昂星精，生耳參漏，月角大形。（《春秋佐助期》；頁 818）

　　在上引文中，除武王伐紂、周公曾攝天子之位〔註 48〕，或與「受命」稍

〔註 48〕如《韓非子・難二》云：「周公旦假爲天子七年。」（〔周〕韓非撰；陳奇猷集釋：《韓非子集釋》〔上海：上海人民出版社，1974 年 7 月〕，頁 830。）《禮記・明堂位》云：「周公踐天子之位以治天下。」（頁 576）《說苑・君道》云：「周公踐天子之位，布德施位，遠而逾明。」（〔漢〕劉向撰；向宗魯校證：《說苑校證》〔北京：中華書局，1987

有關係外；其餘或爲名臣、或爲孔子弟子，其與帝王受命無關，實顯然易見。準此而言，聖王異表雖與帝王受命有關，但此一關係亦僅是「必要條件」，而非「充要條件」。

三、德運與統位

五德、三統，原屬畛域有別之理論體系；前者明於朝代更迭（受命）之論述，後者長於禮樂節文（改制）之建置。就「王者必受命而後王」、「王者必改正朔，易服色，制禮樂，一統於天下，所以明易姓非繼人，通以己受之於天也」（董仲舒語）的角度來說，「五德」、「三統」，正合於王者「受命」、「改制」之實際需求。故武帝一方面依五德終始確立漢之德運屬土，然其改制，卻又兼採三統之說；其後王莽篡漢，同樣採取兼用五德、三統之方式，爲其受命尋求理論根據。〔註49〕此種兼容並蓄之處理方式，正是讖緯王命論述之主要特點。然五德、三統之歷史架構有別，讖緯將之融合爲一，其間必然涉及「系統整合」之問題。那麼，讖緯有關五德、三統之實際論述爲何？五德、三統整合後之系統架構又呈現出何種理論型態？凡此，皆爲探討讖緯王命論述所必須觸及之課題。以下即就現存緯書之相關材料，對上述問題略作探討。

（一）讖緯之五德論述

五德之說，鄒衍以相勝立體，劉向以相生爲義，其說已略如前述。至於讖緯所論，由於文獻散佚不全，今只能就現存之些許資料，從中尋繹出大致之輪廓。首先，就五德之更迭方式而言，《孝經援神契》云：

> 五德之運，黃承赤，而白繼黃。（頁988）

《春秋保乾圖》則云：

> 黑帝治八百歲，運極而授木。蒼帝七百二十歲（依上文觀之，此處疑缺「運極」二字）而授火。（頁806）

年 7 月），頁 5。）緯書之說則云：「周公踐祚理政，與天合志，萬序咸得，休氣四塞。」（《尚書中候摘洛戒》：頁 437）相關討論，請參閱晁福林：《夏商西周的社會變遷》（北京：北京師範大學出版社，1996 年 6 月），頁 131～133。

〔註49〕《漢書・王莽傳》云：「（莽）即眞天子位，定有天下之號曰新。其改正朔，易服色，變犧牲，殊徽幟，異器制。以十二月朔癸酉爲建國元年正月之朔，以雞鳴爲時。服色配德上黃，犧牲應正用白，使節之旄旛皆純黃，其署曰『新使五威節』，以承皇天上帝威命也。」（頁 4095～4096）如〈王莽傳〉所云，王莽乃以「土德正白統」自居，其兼用五德、三統之說，實顯而易見。

如上引文所示，在五德運次上，讖緯實主「相生」之義，故云「黃（土）承赤（火）」、「白（金）繼黃（土）」；「黑（水）授木」、「蒼（木）授火」。其次，就五德運次所涉「帝數」、「帝號」及其相應之「德運」歸屬而言，現存緯書佚文雖間或有缺，然在已知讖緯以五德相生爲論證基準的前提下，再配合現存緯書佚文之相關說法，則讖緯有關諸帝「帝號」及其相應之「德運」歸屬等問題，亦可從中略知端倪。就諸帝之「首帝」而言，《春秋元命苞》云：

> 人始伏犧，帝位生。（頁597）

「帝位」之生始於「伏犧」，則讖緯五德論述下之歷史架構，當以伏犧爲首出之帝。而此首出之帝之德運歸屬，《春秋內事》云：

> 伏犧氏以木德王天下。（頁887）

讖緯既以伏犧爲首出之帝，又云伏犧「以木德王天下」；則在五德運次上，讖緯實以「木」爲首出之概念。至於其餘諸帝之帝號及其德運歸屬，《春秋內事》云：

> 軒轅氏以土德王天下。
>
> 夏后氏以金德行。
>
> 殷人水德。
>
> 周人木德。（頁887）

除此之外，《尚書中候》云：

> 堯火德，故赤龍應焉。（頁401）

《春秋演孔圖》則云：

> 舜之將興，黃雲升堂。（《春秋演孔圖》：頁574）
>
> 卯金刀，名爲劉。中國東南出荊州，赤帝後次代周。（頁581）

上引緯書之說，雖然僅及「八帝」之名號及其德運歸屬，然配合前述伏犧木德之論，則讖緯五德論述之形式架構，亦可推衍表列如下：

圖表 5-3-1

代次	1	2	3	4	5	6	7	8	9	10	11	12
德運	木	火	土	金	水	木	火	土	金	水	木	火
帝號	伏犧	＊	黃帝	＊	＊	＊	堯	舜	夏	商	周	漢

表中加「＊」號者，表示理論上應有，然實際論述未見者。下文所列諸表亦同。

如上表所示，現存緯書佚文雖未明確指陳五德架構下所含攝之諸帝的確切內涵，然於理推之，其帝當有「十二」之數；而此「十二帝」應包含：「三皇」、「五帝」、「三王」〔註50〕及「漢」。所謂「三皇」，諸緯之間，說法有別。例如：

> 三皇：虙戲、燧人、神農。（《禮含文嘉》：頁494）

> 三皇三正：伏犧建寅、神農建丑、黃帝建丑。（《禮稽命徵》：頁494）

> 伏犧、女媧、神農，是三皇也。（《春秋運斗樞》：頁710）

> 以伏犧、神農、燧人爲三皇。（《洛書甄曜度》：頁1263）

上引諸說，均以「伏犧」、「神農」爲三皇之一；至於三皇中的另外一皇，或云「女媧」、或云「燧人」、或云「黃帝」，諸說有別，莫衷一是。《潛夫論‧五德志》云：「世傳三皇五帝，多以伏羲、神農爲二皇，其一者或曰燧人、或曰祝融、或曰女媧。其是與非，未可知也。」（頁382）如王符所云，則漢人對於何謂「三皇」，原即缺乏一致之見解。然就「王命論述」的角度來說，本文認爲，讖緯五德架構下的「三皇」，當指「伏犧」、「神農」與「黃帝」。《春秋命曆序》云：

> 炎帝號曰大庭氏，傳八世，合五百二十歲。

> 黃帝一曰帝軒轅，傳十世，二千五百二十歲。

> 次曰帝宣，曰少昊，一曰金天氏，則窮桑氏，傳八世，五百歲。

> 次曰顓頊，則高陽氏，傳二十世，三百五十歲。

> 次是帝嚳，即高辛氏，傳十世，四百歲。

> 帝嚳傳十世乃至堯。（頁881～882）

《易稽覽圖》則云：

> 甲寅伏犧氏，至無懷氏，五萬七千八百八十二年；神農五百四十年；黃帝一千五百二十年；少昊四百年；顓頊五百年；帝嚳三百五十年；堯一百年；禹四百三十一年；殷四百九十六年；周八百六十七年。（頁154）

〔註50〕 案：現存緯書佚文以「三皇」、「五帝」、「三王」連言者，相關例證頗多。如《尚書緯》云：「三皇行道，五帝行德，三王行仁。」（頁392）《孝經鉤命決》云：「三皇步，五帝趨，三王馳。」（頁1004）《孝經緯》則云：「三皇設言民不違，五帝畫象世順機，三王肉刑揆漸加。」（頁1055）以此觀之，雖然緯書作者對「三皇」有不同之認知，然就歷史發展之形式架構而言，緯書作者仍有基本之共識，即：以「三皇→五帝→三王」爲歷史發展之軸線。

《春秋命曆序》列次歷代帝王曆數，從「炎帝」起而止於「堯」；其說雖未論及「伏犧」及「帝舜」以降諸帝，然上引文以「炎帝→黃帝→少昊→顓頊→帝嚳→帝堯」爲序，若比觀《易稽覽圖》「伏犧→神農→黃帝→少昊→顓頊→帝嚳→堯→禹→殷→周」之次第，及上表所列理論上之形式架構，則讖緯五德論述下之「三皇五帝」，當分別指：三皇——伏犧、神農、黃帝；五帝——少昊、顓頊、帝嚳、帝堯、帝舜。其完整之理論架構，當如下表所示：

圖表 5-3-2

代次	1	2	3	4	5	6	7	8	9	10	11	12
德運	木	火	土	金	水	木	火	土	金	水	木	火
帝號	伏犧	神農	黃帝	少昊	顓頊	帝嚳	堯	舜	夏	商	周	漢

此一論述模式，與前引《世經》之說頗爲類似；差別在於，讖緯取消了「閏統」之設置。然而，閏統之設置一經取消，「秦」之地位又應如何處理？讖緯所論因尚涉及三統之問題，容後再述。至於前引諸「三皇」之文，除「伏犧、女媧、神農」之說與三統論述有關外（說詳下文），其餘說法或可歸諸「歷史傳說」之「三皇」，但應與王命論述無關。〔註51〕

（二）讖緯之三統論述

夏正建寅、商正建丑、周正建子，此乃漢初以來三統（三正）論述之基本通義。董仲舒之說如此，讖緯之說亦然。例如：

> 十一月，時陽氣始施於黃泉之下，色皆赤。赤者陽氣，故周爲天正，色尚赤。

> 十二月，萬物始牙而色白，白者陰氣，故殷爲地正，色尚白。

> 十三月，萬物孚甲而出，其色皆黑，人得加功展業，故夏爲人正，色尚黑。（《禮緯》：頁530）

> 夏以十三月爲正，息卦受泰。法物之始，其色尚黑，以平旦爲朔。

> 殷以十二月爲正，息卦受臨。法物之牙，其色尚白，以雞鳴爲朔。

> 周以十一月爲正，息卦受復。法物之萌，其色尚赤，以夜半爲朔。（《樂

〔註51〕緯書中此一性質之帝王頗多。如《春秋命曆序》云：「辰放六頭四孔，在位二百五十年。離光次之，號曰皇談，……在位五百六十歲。」（頁880）其他尚有「烈山氏」、「無懷氏」、「有巢氏」等，茲不贅述。有關「三皇」之討論，另參劉起釪：〈幾次組合紛紜錯雜的「三皇五帝」〉，頁106～116。

稽耀嘉》：頁 546）

天統十一月建子，天始施之端也。謂之天紀者（依下文，「紀」疑「統」字
之訛）；而「者」字疑衍），周以爲正。

地統十二月建丑，地助生之端也，謂之地統，商以爲正。

人統十三月建寅，物大生之端也。謂之人統，夏以爲正。（《春秋感精符》：
頁 7366）

上引諸說，除《樂稽耀嘉》又配合卦象立說外〔註 52〕，其餘大體相同：皆以
「夏正建寅、商正建丑，周正建子」爲立意核心（下引諸說亦然）。以此觀之，「夏
正建寅、商正建丑，周正建子」，當爲讖緯三統論述之「共同設準」。然就現
存緯書佚文觀之，讖緯有關三統「歷史架構」之建置，卻似乎存在兩種不同
之論述系統。《禮稽命徵》云：

三皇三正：伏羲建寅，神農建丑，黃帝建子。至禹建寅，宗伏羲；
商建丑，宗神農；周建子，宗黃帝。（頁 514）

除此之外，《禮稽命徵》又云：

舜以十一月爲正統（依下文觀之，「統」字疑衍），尚赤；堯以十二月爲正，
尚白；高辛氏以十二（案：當作「十三」）月爲正，尚黑；高陽氏以十一
月爲正，尚赤；少昊氏十二月爲正，尚白；黃帝以十二（案：當作「十
三」）月爲正，尚黑；神農以十一月爲正，尚赤；女媧以十二月（依上
文觀之，疑闕「爲」字）正，尚白。伏羲以上未有聞焉。（頁 514）

這兩種說法，前者明云「伏羲建寅」，並以「三王」直承「三皇」，進而得出
「夏正建寅、商正建丑、周正建子」之結論。後者雖云「伏羲以上未有聞焉」，

〔註 52〕此與地支配卦象之說有關。茲依《易稽覽圖》所述，表列說明如下：

寅	卯	辰	巳	午	未	申	酉	戌	亥	子	丑
小過	需	豫	旅	大有	鼎	恒	巽	歸妹	艮	未濟	屯
蒙	隨	訟	師	家人	豐	節	萃	无妄	既濟	蹇	謙
益	晉	蠱	比	井	渙	同人	大畜	明夷	噬嗑	中孚	睽
漸	解	革	小畜	咸	履	損	賁	困	大過	頤	升
泰	大壯	夬	乾	姤	遯	否	觀	剝	坤	復	臨

如上表所示，泰卦屬「寅」，故云「息卦受泰」，夏以十三月爲正；臨卦屬「丑」，
故云「息卦受臨」，殷以十二月爲正；復卦屬「子」，故云「息卦受復」，周
以十一月爲正。

然於理推之，伏犧亦當「建寅」〔註53〕。至於三王之統位歸屬，上引《禮稽命徵》雖未明言，然其說既云「舜以十一月爲正」，則於理推之，三王之統位亦當爲「夏正建寅、商正建丑、周正建子」。就「伏犧建寅」及三王之統位歸屬而言，這兩種說法並無不同；然就理論上來說，這兩種說法其實是不能並存的。蓋前者以「伏犧、神農、黃帝」爲「三皇」，後者則以「伏犧、女媧、神農」爲「三皇」；二說所涉及之帝數不同，則伏犧以降諸帝之統位歸屬亦當有別，不可能同時得出「夏正建寅、商正建丑、周正建子」之結論。那麼，讖緯之三統論述當以何說爲基準？純就理論推衍的角度來說，在伏犧必須「建寅」，而三王必須「夏正建寅、商正建丑、周正建子」的前提下，讖緯三統論述之理論架構，當如下表所示：

圖表 5-3-3

代次	1	2	3	4	5	6	7	8	9	10	11	12	13
三統	黑	白	赤	黑	白	赤	黑	白	赤	黑	白	赤	黑
三正	寅	丑	子	寅	丑	子	寅	丑	子	寅	丑	子	寅
	13	12	11	13	12	11	13	12	11	13	12	11	13
帝號	伏犧	＊	＊	＊	＊	＊	＊	＊	＊	夏	商	周	漢

如上表所示，在伏犧必須「建寅」，而三王必須「夏正建寅、商正建丑、周正建子」的前提下，讖緯三統論述之歷史架構，在「伏犧」與「三王」之間必須有「八代」之數，如此方能從理論上予以合理之解釋。那麼，此「八代」之數爲何？細檢現存緯書佚文所述，諸緯對於「黃帝」以前之帝序組合雖有不同之說法；然在「黃帝」以下、「三王」之前，諸緯實皆以「少昊→顓頊→帝嚳→帝堯→帝舜」爲序。（參前引《易稽覽圖》、《春秋命曆序》及《禮稽命徵》之說）換言之，讖緯在帝序組合上，仍有一致之基本架構，即：「黃帝」與「三王」之間，僅有「五代」之數。以此爲基準，則《禮稽命徵》「三皇三正」之說，顯然不

〔註53〕在三統架構下，伏犧之所以必須「建寅」，原因有三：1、前引《春秋繁露‧三代改制質文》云：「三正以黑統初。」2、前引《春秋元命苞》云：「人始伏犧，帝位生。」3、《易稽覽圖》云：「天地開闢，五緯各在其方。至伏義久（案：「久」，《春秋內事》作「乃」；依上下文觀之，應以作「乃」爲是）合，故歷以爲元。」（頁180）既然伏犧爲「歷元之初」、「帝位之始」，而三正又以「黑統初」，則伏犧之統位就只能「建寅」，如此方符「人始伏犧，帝位生」及「三正以黑統初」之論。

能成立。茲表列說明如下：

圖表 5-3-4

三統	黑	白	赤	黑	白	赤	黑	白	赤	黑	白	赤	黑
三正	寅	丑	子	寅	丑	子	寅	丑	子	寅	丑	子	寅
	13	12	11	*	*	*	*	*	*	13	12	11	13
帝號	伏犧	神農	黃帝	*	*	*	*	*	*	禹	湯	周	漢

如上表所示，倘若「伏犧建寅、神農建丑、黃帝建子；夏正建寅、商正建丑、周正建子」要同時成立，則「黃帝」至「三王」之間，必須有「六代」之數方有可能。此一架構，明顯與前述「黃帝」與「三王」之間只能容納「五代」之數不合。以此觀之，「三皇三正」之說，實難成立。至於《禮稽命徵》之第二種說法，茲表列說明如下：

圖表 5-3-5

三統	黑	白	赤	黑	白	赤	黑	白	赤	黑	白	赤	黑
三正	寅	丑	子	寅	丑	子	寅	丑	子	寅	丑	子	寅
	13	12	11	13	12	11	13	12	11	13	12	11	13
帝號	伏犧	女媧	神農	黃帝	少昊	顓頊	帝嚳	堯	舜	禹	湯	周	漢

如上表所示，惟有在此一論述架構下，讖緯之三統論述方符「伏犧」與「三王」之間必須有「八代」之數此一理論前提，及「黃帝」至「三王」之間僅有「五代」之數此一基本歷史架構。而伏犧「建寅」，三王「夏正建寅、商正建丑、周正建子」，也才能從理論上予以合理之解釋。以此觀之，讖緯之三統論述當以「伏犧、女媧、神農」爲「三皇」；上表所列，即爲讖緯三統論述之理論架構。

　　然而，倘若依照此說，則「三皇」爲「伏犧、女媧、神農」，「三王」爲「夏、商、周」；那三皇與三王之間之「黃帝、少昊、顓頊、帝嚳、堯、舜」，又如何能當「五帝」之數？現存緯書佚文對此未作解釋。惟一涉及此一問題者，僅有鄭玄。鄭注《尚書中候敕省圖》云：

　　以伏義、女媧、神農三代爲三皇，以軒轅、少昊、高陽、高辛、陶唐、有虞六代爲五帝。德合北辰者皆稱皇，感五帝座星者稱帝。（頁440）

依鄭玄之意，伏犧、女媧、神農「德合北辰」，故稱「皇」；而黃帝、少昊、顓頊、帝嚳、堯、舜「感五帝座星」，故稱「帝」。然「帝五」而「代六」，則此「六代」之「帝」的德運、統位又當如何安排？以此觀之，鄭說顯有未諦。此外，前文論及董仲舒三統理論之建構時，本文曾經指出，《春秋繁露》〈三代改制質文〉在理論建構與實際帝數之間，出現難以解釋之現象。蓋其說以「神農爲赤帝」，然在實際論述上卻只出現「神農、軒轅、顓頊、帝嚳、堯、舜、夏、商、周、《春秋》」之數，故有顧頡剛以「神農爲黑帝」之差謬說解。然如上表所示，在讖緯三統說之歷史架構下，「神農」正爲「赤帝」。以此觀之，緯書對於理解前人思想，實亦不無補缺拾遺之助。

（三）五德與三統的整合及其問題

如上所述，讖緯在王命論述此一層面上，實兼採五德、三統之論。此一情況，與太初改制及王莽篡漢所採行之實際措施，基本上是一致的。不同的是，漢初以來五德、三統雖有漸次結合之傾向；然此一結合，實僅限於政治上之具體作爲，並未涉及理論系統之整合問題。就五德、三統而言，二者仍是畛域有別之系統。故董生之說未論及五德，而張蒼、賈誼、司馬遷、劉向父子所論，亦僅以五德爲依歸，而未及於三統之論述。將這兩種不同之論證系統並存於同一思想體系之下，且試圖加以整合者，其說當始於讖緯。《春秋感精符》云：

> 三正，律者亦以五德相承。（頁745）

《春秋合誠圖》則云：

> 至道不遠，三五而復。宋均注曰：「三，三正也；五，五行也。三正、五行，王者改
>
> 代之際會也。」（頁777）

《春秋合誠圖》以「三正」、「五行」並舉；《春秋感精符》則以「三正」、「五行」相承。以此觀之，讖緯有關王命之論述，實主五德、三統「相合」之論。至於具體之理論陳述，則《春秋感精符》云：

> 受天命而王者，必調六律而改正朔，受五氣而易服色，法三正之道也。周以天統，服色尚赤者，陽道尚左，故天左旋。周以木德王，火是其子，火色赤，左行，用其赤色也。[註54] 殷以水德王，金是其母，金色白，故右行，用其白色。夏以人統，服色尚黑者，人亦

〔註54〕 案：依上下文意觀之，《春秋感精符》於「用其赤色也」以下，疑缺「殷以地統，服色尚白者，陰道尚右，故地右旋」等十七字。

尚左，夏以金德王，水是其子，故左行，用其黑色。（頁745～746）。

其說以「天、地、人」三才與「天道左旋、地道右旋」〔註55〕及「五行母子相承」爲基準，就三統與五德之整合，提供理論性之說明。依據此一理論，則夏、商、周三代之「德運」與「統位」，當分別爲：周木德王、正赤統；商水德王、正白統；夏金德王、正黑統。其說可表列如下：

圖表 5-3-6

帝號	夏	商	周
五德	金	水	木
三才	人	地	天
三統	黑	白	赤
三正	寅	丑	子
	13	12	11

此即讖緯五德、三統整合後之「基本架構」。也只有在此一架構之下，現存緯書佚文有些看似「矛盾」的說法，才能獲得合理之解釋。如《尚書璇璣鈐》云：

　　　湯王北方之水，白狼衛鉤，萬職歸命也。（頁377）

此一說法，若僅從五德論述的角度來看，則湯王北方之水，其色黑，又如何能有「白狼」之應？然如上表所示，湯水德王、正白統；從三統的角來說，湯正宜有「白狼」之應。所謂「天命以白，故殷有白狼衛鉤」（《禮稽命徵》；頁507～508）、「湯將興，白雲入房」、「天命湯，白虎戲朝」（《春秋演孔圖》；頁575），亦是此義。又，《春秋元命苞》云：

　　　夏，白帝之子；殷，黑帝之子；周，倉〔蒼〕帝之子。

　　　周，赤帝之子，以十一月爲正。（頁595）

上文所引，或以周爲「蒼帝」之子、或以周爲「赤帝」之子；二說似乎自相矛盾，難以相容。然如上表所示，周之「德運」屬「木」，而「統位」屬「赤」。故就五德而言，周爲蒼帝之子；就三統而論，周爲赤帝之子。現存緯書佚文此類說法頗多，茲不枚舉。

　　然而，雖說上述架構可以解釋現存緯書佚文之若干問題，也基本上符合

〔註55〕《春秋元命苞》云：「天左旋，地右動。」（頁599）

五德、三統各自之理論原則。然若以此爲基準往前追溯，則五德、三統之整合，即面臨「結構」上之衝突，而有難以自圓其說之憾。蓋如前所述，讖緯五德論述下之歷史架構係以「伏犧、神農、黃帝」爲「三皇」，其所涉及之帝位有「十二」之數；然讖緯三統論述下之歷史架構，卻是以「伏犧、女媧、神農」爲「三皇」，其所涉及之帝位則有「十三」之數。此一結構性之差異，從理論上來說是「無解」的。蓋二者所涉帝數不同，將之結合爲一，勢必面臨如下之矛盾情況：

1、倘以五德爲基準，再配合圖表 5-3-6 所列往前逆推，則五德、三統結合後之理論樣態，理當如下表所示：

圖表 5-3-7

帝號	伏犧	神農	黃帝	少昊	顓頊	帝嚳	堯	舜	夏	商	周	漢
德運	木	火	土	金	水	木	火	土	金	水	木	火
	蒼	赤	黃	白	黑	蒼	赤	黃	白	黑	蒼	赤
統位	白	赤	黑	白	赤	黑	白	赤	黑	白	赤	黑
	丑	子	寅	丑	子	寅	丑	子	寅	丑	子	寅
	12	11	13	12	11	13	12	11	13	12	11	13

在此一架構下，歷代帝王之「德運」在配置上雖說相當完整；然其統位，卻明顯與讖緯之三統論述不符。（參圖表 5-3-5）

2、倘以三統爲基準，再配合圖表 5-3-6 所列往前逆推，則五德、三統結合後之理論樣態，又當如下表所示：

圖表 5-3-8

帝號	伏犧	女媧	神農	黃帝	少昊	顓頊	帝嚳	堯	舜	夏	商	周	漢
統位	黑	白	赤	黑	白	赤	黑	白	赤	黑	白	赤	黑
	寅	丑	子	寅	丑	子	寅	丑	子	寅	丑	子	寅
	13	12	11	13	12	11	13	12	11	13	12	11	13
德運	水	木	火	土	金	水	木	火	土	金	水	木	火
	黑	蒼	赤	黃	白	黑	蒼	赤	黃	白	黑	蒼	赤

在此一架構下，歷代帝王之「統位」在配置上雖說相當完整；然其德運，又明顯與讖緯之五德論述不符。（參圖表 5-3-2）

很顯然的，從「結構」上來說，五德、三統是無法「完全結合」爲一體的。理論上無法獲得完整之解釋，實際論述卻又採取五德、三統相合之論；由此可見，讖緯合五德與三統爲一，其目的並不在於「應然」的「理論」層次，而在於「實然」的「運用」層面。換言之，讖緯此說乃意在論證漢之德運屬火、而統位屬黑，如是而已；三代以前之帝號，當係論者爲配合解釋漢家德運與統位所「設置」的（至少三皇之說即是如此）；這是一種先有「答案」，而後再去尋找「證據」的處理模式。此一作法，與劉向父子爲了證成漢家德運屬火而另立「閏統」之說，實有異曲同工之處。論者眞正所重視的，無非是此一理論是否能完整解釋漢帝國之德運與統位，至於五德、三統是否能結合爲一整體之理論體系，恐非緯書作者關注之重點。且「三皇」中之「女媧」，於感生、異表、五德之中未見相關論述，於讖緯所特重之「神靈符記」亦未置一辭（說詳下文）。此一情況，或與文獻散佚有關，然就理論上而言，「女媧」之所以被置入「三皇」之列，實出於三統理論之需求（建構一完整之三統歷史架構），並不影響漢家德運之論證。故《東觀漢記》云：「自上即位，案圖讖，推五運，漢爲火德，周蒼漢赤，水生火，赤代蒼，故上都雒陽。」（頁7）光武所重視的，仍然是漢初以來的五德論述傳統，而非三統之論述架構。

（四）孔子及秦之地位問題

讖緯五德、三統之理論架構，其說已略如前述。至於五德、三統所必須涉及之秦政權的合法性問題，由前文之相關引述可知，緯書作者實際上亦將「秦」排除於五德、三統之外。此一作法，與前述張蒼「黜秦」、劉向父子置秦於「閏統」、董仲舒以《春秋》當「新王」，其實並無二致：皆以否定秦之正統性，藉此論證漢家取得政權之合法性。然而，上述諸說或依五德立論、或本三統述義；彼此間雖有共同之理念，但並無整合之交集。讖緯之說則不然。蓋如前所述，讖緯有關王命之論述，實兼採五德與三統之論；故其對於秦之地位問題，亦同時含攝五德與三統這兩個層面。就五德而言，《易通卦驗》云：

> 秦爲赤軀〔驅〕，非命王。（頁197）

《春秋演孔圖》則云：

> 驅除名政，衣吾衣裳，坐吾曲床，濫長九州，滅六王，至于沙丘亡。
>
> （頁584）

依緯書作者之意，秦朝的存在，只不過是爲漢帝國掃除障礙而已，並非「受

命之王」。秦爲漢朝掃除障礙之說，在漢代初年即已略見端倪。如《史記・秦
楚之際月表》云：

> 秦既稱帝，患兵革不休，以有諸侯也，於是無尺土之封，墮壞名城，
> 銷鋒鏑，鉏豪桀，維萬世之安。然王跡之興，起於閭巷，合從討伐，
> 軼於三代，鄉秦之禁，適足以資賢者爲驅除難耳。（頁760）

然史公既錄始皇於〈本紀〉之列，則所謂「驅除」之說，或乃有感而發，不
必然與王命論述有關。其後班固於《漢書・王莽傳贊》云：「昔秦燔詩書以立
私議，莽誦六藝以文姦言；同歸誅塗，俱用滅亡。皆炕龍絕氣，非命之運，
紫色䵷聲，餘分閏位，聖王之驅除云爾！」（頁4194）始正式提出秦爲漢驅除之
說。緯書所論，殆或緣此而來。

至於三統論述下所涉及之孔子地位之問題，前引董生之說係以「孔子素
王」或「《春秋》爲漢制法」來爲漢屬「黑統」作解釋；自董仲舒以降，學者
之說莫不皆然。如〈春秋序〉孔疏云：

> 麟是帝王之瑞，故有素王之說。言孔子自以身爲素王，故作《春秋》，
> 立素王之法；丘明自以身爲素臣，故爲素王作《左氏》之傳。漢、
> 魏諸儒，皆爲此說。董仲舒〈對策〉云：「孔子作《春秋》，先正王
> 而繫以萬事，是素王之文焉。」賈逵〈春秋序〉云：「孔子覽史記，
> 就是非之說，立素王之法。」鄭玄〈六藝論〉云：「孔子既西狩獲麟，
> 自號素王，爲後世受命之君，制明王之法。」盧欽〈公羊序〉云：「孔
> 子自因魯史記而脩《春秋》，制素王之道。」是先儒皆言孔子立素王
> 也。（頁16）

此外，《史記・太史公自序》云：「壺遂曰：『孔子作《春秋》，垂空文以斷禮
義，當一王之法。』」（頁3299）〈儒林列傳〉云：「（孔子）因史記作《春秋》，以
當王法，其辭微而旨博。」（頁3115）《淮南子・主術》云：「（孔子）專行教道，以
成素王。」（頁313）《論衡・超奇》云：「孔子作《春秋》以示王意，然則孔子
之《春秋》，素王之業也；諸子之傳書，素相之事也。」（頁609）〈定賢〉云：「孔
子不王，素王之業，在於《春秋》。」（頁1122）緯書所論，亦持此義。故云：

> 孔子爲赤制，故作《春秋》。（《尚書考靈曜》：頁355）
>
> 邱水精，治法爲赤制功。（《春秋演孔圖》：頁579）
>
> 麟出周亡，故立《春秋》，制素王授當興也。（《春秋演孔圖》：頁580）

墨孔生，爲赤制。（《春秋感精符》：頁 743）

子曰：吾作《孝經》，以素王無爵祿之賞，斧鉞之誅，故稱明王之道。

（《孝經鉤命決》：頁 1010）

子夏共撰仲尼微言，以當素王。（《論語崇爵讖》：頁 1079）

如上引文所示，讖緯之說，基本上不出董生所論之範圍。差別在於：董仲舒僅就三統立論，讖緯則因涉及五德與三統，故所論亦兼及「德運」之問題。所謂「邱水精，治法爲赤制功」、「墨孔生，爲赤制」，即是如此。蓋《春秋》於三統屬「黑」，故云「邱水精」、「墨孔生」；而漢於五德屬「火」，故云「爲赤制」。

四、祥瑞與符命

自鄒衍提出「凡帝王之將興也，天必先見祥乎下民」之論，而董生又以「西狩獲麟」爲仲尼「受命之符」以來，「祥瑞」與「符命」，即成兩漢學者論及王命問題所必涉及之核心主題。讖緯之說亦然。就一般用法而言，「祥瑞」與「符命」，其實並無太大之差異。〔註 56〕惟細檢兩漢文獻所載，祥瑞在某些情況下又與王命問題無涉〔註57〕；二者之間似又微有分別，難以一概

〔註56〕如陳槃以爲：「『符應』，諸書或作『符命』、或『符瑞』、或『瑞應』、或『瑞命』、或『嘉應』、或『福應』、或『德祥』、或『禎祥』、或『祥瑞』、或『祥異』之等，其實一也。」說見：《古讖緯研討及其書錄解題》，頁 1。

〔註57〕如《白虎通‧封禪》云：「天下太平，符瑞所以來至者，以爲王者承天統理，調和陰陽，陰陽和，萬物序，休氣充塞，故符瑞並臻，皆應德而至。德至天，則斗極明、日月光、甘露降；德至地，則嘉禾生、蓂莢起、秬鬯出、太平感；德至文表，則景星見，五緯順軌；德至草木，則朱草生、木連理；德至鳥獸，則鳳皇翔、鸞鳥舞、麒麟臻、白虎到、狐九尾、白雉降、白鹿見、白鳥下；德至山陵，則景雲出、芝實茂、陵出黑丹、阜出蓬莆、山出器車、澤出神鼎；德至淵泉，則黃龍見、醴泉涌、河出龍圖、雒出龜書、江出大貝、海出名珠；德至八方，則祥風至、鍾氣時喜、鍾律調、音度施、四夷化、越裳貢。……」（頁283～285）兩漢有關「祥瑞」之記載頗多，這些記載都類於《白虎通》所述，與「王命」問題無關。如宣帝年間，或鳳凰集、或甘露降、或嘉禾生、或芝九莖、或黃龍見、或獲白虎、或神光見……。這些記載，或有紋飾宣帝「即位之合理性」的作用；然其用意，實在強調宣帝時期政治修明，故皇天報以瑞應，而非從王命的角度立論。蓋就漢朝而言，宣帝僅爲「繼體之君」，若將上述「祥瑞」解釋成「符命」，則宣帝豈非成爲「開階立遂」之「受命之王」？由此可見，「祥瑞」不見得與「王命」有關。兩《漢書》諸帝〈本紀〉所錄祥瑞休徵，大體上均是此義。

而論。〔註58〕然所謂「符命」，其表述形式非一；將「祥瑞」視爲「符命」之一種，其實亦無不可。以現存緯書佚文觀之，讖緯所謂「符命」，主要有三種不同之表述形式：

（一）祥瑞休徵

以「祥瑞」爲王者受命之符，在現存緯書佚文中，相關論述頗多。前文所論及之帝王感生、聖王異表等，實際上亦寓有此義。惟現存緯書佚文所見祥瑞，亦有許多與王命問題無涉者。如《孝經援神契》云：「德及於天，日月光，甘露降」(頁973)、「王者德至天，則景星見」(頁974)、「王者德至深泉，則黃龍見，醴泉涌」(頁977)……等。這些祥瑞，皆旨在強調王者之德若臻於極致，則皇天報以瑞應；細究其說，實與王命問題無關。其他例證尚多，陳立《白虎通疏證》錄之甚詳，茲不贅述。本文在此僅就與王命論述有關之祥瑞略作說明。

依緯書作者之意，歷代帝王興亡有別，然各據「祥瑞」則一。故《易乾鑿度》云：「興亡殊方，各有其祥。」(頁60)雖然帝王所興祥瑞有別，但整體而言，仍有某些「規則」可尋。如〈通卦驗〉云：「周文增通八八之節，轉序三百八十四爻，以繫王命之瑞，謀三十五君，常其一也。興亡分殊，各有其祥。」(頁197)「增卦爻，可以先知珍瑞之類妖孽之將，審其繫象，通神明。注云：此言文王推衍卦爻之象，而嘉瑞應，變怪諸物，備字於其中焉。」(頁198)如〈通卦驗〉所述，帝王所興祥瑞，似乎可藉由卦象之推衍加以論定。而此根據卦象所推得之「祥瑞」，《易乾鑿度》云：「帝王興亡，必察八部，觀卦之符，物之應動。」鄭注云：「八部者，稚部之方。候將興以孟月，候將亡以季月。觀非（案：「非」字疑衍）卦之符，如震則有龍，巽則有雞之類。物，謂雲物也。」(頁61)除此之外，未見更具體之論述。現存緯書佚文論及帝王祥瑞較有規則可尋者，大體根據帝王受命之「德運」與「統位」立義。其依「五德」立義者，例如：

> 黃帝之將興，黃雲升於堂。（《春秋演孔圖》：頁574）

> 堯火德，故赤龍應焉。（《尚書中候》：頁401）

〔註58〕如江曉原云：「『符命』，與古人常說的『符瑞』或『祥瑞』是有區別的。從某些天象的出現，到麒麟、鳳凰、靈龜、黃龍、白鹿、『九尾之狐』等動物的出現，乃至靈芝出、嘉禾生、甘露降之類，都屬祥瑞之列。但這些一般僅被視爲政治修明，所謂『堯天舜日』的表徵，並不具有天命轉移、改朝換代的意義。」《天學眞源》（瀋陽：遼寧教育出版社，1991年11月），頁117。

> 舜之將興，黃雲升堂。（《春秋演孔圖》：頁 574）
>
> 湯將興，白雲入房。（《春秋演孔圖》：頁 575）
>
> 蒼帝起，蒼雲扶日。赤帝起，赤雲扶日。黃帝起，黃雲扶日。白帝起，白雲扶日。黑帝起，黑雲扶日。（《洛書》：頁 1285）

帝王既應五德之瑞而興，故其將亡，五德之瑞亦隨之而逝。如《春秋合誠圖》云：

> 蒼帝將亡，則麒麟見絏。
>
> 白帝亡，則白虎執。
>
> 玄帝將亡，則靈龜執。
>
> 黃帝將亡，則黃龍墜。
>
> 白帝將亡，則蛇足狀如人。（頁 777）

而以「三統」為言者，例如：

> 帝王之興，多從符瑞。周感赤雀，故尚赤。殷致白狼，故尚白。夏錫玄珪，故尚黑。（《春秋感精符》：頁 746）
>
> 其天命以黑，故夏有玄珪。（《禮稽命徵》：頁 508）
>
> 天命以白，故殷有白狼衔鉤。（《禮稽命徵》：頁 508）
>
> 天命以赤，故周有赤雀衔書。（《禮稽命徵》：頁 508）
>
> 天命以赤尚赤，以白尚白，以黑尚黑。（《禮緯》：頁 530）

除此之外，現存緯書佚文還有一些零星的說法。如《易坤靈圖》云：「聖人受命，瑞應先於河，瑞應之至，聖人殺龍，龍不可殺，皆感氣也。君子得眾人之助，瑞應先見於陸，瑞應之至，君子殺蛇，蛇不如龍，陸不如河。」（頁 310）《春秋元命苞》云：「天命文王，以九尾狐。」（頁 594）《洛書》則云：「日蝕，有黃雲，中有伏龍。周至以興，文王受命。」（頁 1292）這些說法因不成系統，茲不詳述。

（二）五星聚舍

《周易‧象傳》云：「觀乎天文，以察時變；觀乎人文，以化成天下。」（頁 62）「天文」與「時變」有關，故日、月、五星之運行等天文「現象」，也就成為人事禍福之「表徵」。從王命論述的角度來說，其中又以「五星聚舍」最具象徵意義。以今日的角度而言，五星聚舍不過是五大行星交錯運行時所

形成的自然天文現象；然在古人眼中，五星聚舍卻被視爲朝代更迭之象徵，寓有帝王受命之特殊意義。檢諸史籍所載，最早將五星聚舍與王命問題嵌合爲一者，其說當始於《史記》。〈天官書〉云：

　　五星皆從而聚於一舍，其下之國可以義致天下。（頁 1312）

　　五星皆從而聚於一舍，其下之國可以禮致天下。（頁 1318）

　　五星皆從而聚於一舍，其下之國可以重致天下。（頁 1318）

　　五星皆從辰星而聚于一舍，其所舍之國可以法致天下。（頁 1328）

五星聚於一舍，其下之國可以致天下；則五星聚合與帝王受命有關，此乃不爭之事實。然依史公之意，五星所舍之國並非毫無任何「條件限制」即可獲致天下；其前提是所舍之國必須有「禮」、有「義」、有「法」，簡言之，必須「有德」。故云：

　　五星合，是爲易行，有德，受慶，改立大人，掩有四方，子孫蕃昌；

　　無德，受殃若亡。（〈天官書〉：頁 1321）

由此可見，史公雖然認爲五星聚合與帝王受命有關，但「有德」才是決定帝王是否受命的充要條件。緯書之說，大義類此。如《易坤靈圖》「至德之萌，五星若連珠，日月如合璧。」鄭注云：「至德之萌，謂將興之時；連璧，謂無朔望之異也」、「謂聚一舍，以德得天下之象也。」〔註59〕此外，《詩含神霧》云：「五緯合，王更紀。」（頁 465）《孝經鉤命決》云：「帝王起，緯合宿，嘉應禎祥，封禪刻石紀號也。」（頁 1007）

　　以上所言，乃就「將受命者」的角度而論；然對「將滅國者」而言，五星聚舍則有另一層不同之涵義。《史記・天官書》云：「若五星入軫中，兵大起。」（頁 1304）以「五星入軫」爲「兵大起」之象徵，則五星聚舍，無疑是天下動盪的開始。此類說法，現存緯書佚文亦屢見不鮮。如《春秋考郵異》云：

　　五星聚於一宿，天下兵起。

　　四表戒，五星薄，天下分爭，甲兵作。（頁 797）

《春秋緯》則云：

　　五星有入軫者，皆爲兵大起。（頁 911）

　　五星含留七十日已上，強臣奪君政，期八十日。（頁 912）

　　五星守畢，留經歲，天下大亂，君臣失節，諸侯亡國，不出三年。（頁

〔註59〕文見《開元占經》卷 5〈日占一〉，頁 207；又，卷 19〈五星占二〉，頁 323。

912）

　　五星聚，天子窮。（頁 922）

　　五精潛潭，皆以類逆，所犯行失時，指下臣承類者乘而害之，皆滅
　　亡之徵也。入天子宿，主滅諸侯五伯謀。（頁 936）

此類說辭，均以五星聚舍爲天下兵起之徵象。以此觀點爲基準，則「五星聚
舍」似又當歸入「災異」之林，而與「祥瑞」無涉。然「災異」與「祥瑞」
本爲「一體」之「兩面」，論者所採取之解釋「角度」有別，則「五星聚舍」
之「象徵含義」自也「各自表述」，不必全同。

　　以上所述，均屬泛論性質，並未明確指陳五星聚舍象徵某一王朝即將興
起。史書明確記錄五星聚舍與王朝之興起有關者，則《宋書・天文志》云：「周
將伐殷，五星聚房；齊桓將霸，五星聚箕；漢高入秦，五星聚東井。」（頁 735）
現存緯書佚文未見「五星聚箕」之說，其餘二者，茲擇要引述如下：

　　殷紂之時，五星聚房。房者，蒼神之精，周據而興。注云：周起於房，
　　而五星聚之，得天下之祥。（《春秋元命苞》：頁 593）

　　文王之時，五星以聚房。（《春秋元命苞》：頁 594）

　　五緯聚房，爲義者受福，行惡者亡。（《詩緯》：頁 486）

　　歲星帥五緯聚房，青帝起。（《河圖》：頁 1230）

　　五精入東井，從歲星聚，殺白而發黃，神奉絕用，兵卒亂，以義得
　　天下。（《春秋感精符》：頁 753）

　　劉受紀，昌光出軫，五星聚井。（《河圖》：頁 1223）〔註 60〕

「五星聚房」與文王受命有關，此乃帝王配感星精之故。鄭注《春秋感精符》
云：「堯，翼之星精，在南方，其色赤；舜，斗之星精，在中央，其色黃；禹，
參之星精，在西方，其色白；湯，虛之星精，在北方，其色黑；文王，房星
之精，在東方，其色青。」（頁 741）房星在東方，其色青，故五緯聚房爲蒼帝受
命之象徵；而周屬木德，故五緯聚房象徵周朝受命之伊始。至於「五星聚東
井」，則兼攝「分野」與「五德」之論。從五德論述的角度來說，五星所聚，
殆與五德之屬性相應。《春秋緯》云：「五星從辰星，聚於北方七宿，黑帝起，

_____

〔註 60〕除此之外，現存緯書佚文尚有「太白帥五緯聚參，白帝起」及「辰星帥五緯
　　　　聚營室，黑帝起」（《河圖》：頁 1235、1237）之說，惟相關記載無具體史實可供參
　　　　證，茲不詳述。

以宿占國。」(頁 922) 辰星屬水，而水色黑，故有此論。前引《春秋感精符》所謂「殺白而發黃」，亦從五德論述立義。蓋緯書以漢屬火德，而白者，金也，火剋金，故云「殺白」；又火生土，故云「發黃」。是所謂「殺白而發黃」云云，蓋謂「火德」將以義得天下。從分野的角度來說，「翼」、「軫」，皆屬東南之地〔註 61〕，而高祖發跡於楚，故有「昌光出軫」之論。也正因為如此，故《春秋合誠圖》云：「赤帝之精，生於翼下。」(頁 766) 然「東井」為「秦」之分野〔註 62〕，「五星聚東井」，又何以與高祖受命有關？緯書所論，又分就「將受命之國」與「將滅亡之國」兩方面而言。就前者來說，因高祖十月至霸上，故五星聚於東井為高祖受命之符；就後者而言，前引《史記》云：「五星合，是為易行，有德，受慶，……無德，受殃若亡。」故五星聚於東井又為秦將滅亡之徵。以此觀之，緯書對於五星聚於東井，實又兼取「易行」之義，並非純就「受慶」的角度立說。

　　從文獻紀錄的角度來看，倘上引緯書之說於光武編定圖讖之初即已有之，則正式將五星聚於東井定位為高祖受命之符，其說或當以緯書為伊始。蓋前引《史記》之說雖然認為五星聚合與帝王受命有關，然《史記・高祖本紀》並未載錄「五星聚於東井」一事，僅在〈天官書〉中指出「漢之興，五星聚於東井。」(頁 1348) 又於〈張耳陳餘列傳〉藉甘公之語云：「漢王之入關，五星聚東井。東井者，秦分也。先至必王。楚雖彊，後必屬漢。」(頁 2581) 以此觀之，史公未必認為「五星聚於東井」即是「高祖受命之符」。然由甘公之語可知，以五星聚於東井為高祖受命之符，至少在漢初已有類似看法存在。其後班固撰《漢書》，於〈高帝本紀〉亦但錄「元年冬十月，五星聚於東井。沛公至霸上。」(頁 22) 對於「五星聚于東井」與「沛公至霸上」二者是否有必然之關係，則未多作解釋。雖然如此，班固〈敘傳〉卻云：「始受命則白蛇分，西入關則五星聚。」(頁 4212) 是逕以「五星聚於東井」為「高祖受命之符」矣！兩漢文獻闡述此義最詳者，則為《漢書・天文志》。其文云：

　　凡五星所聚宿，其國王天下。……五星若合，是謂易行：有德受慶，

　　改立王者，掩有四方，子孫蕃昌；亡德受罰，離其國家，滅其宗廟，

────────────

〔註61〕　《呂氏春秋・有始覽》云：「東南曰陽天，其星張、翼、軫。」(頁 658)《史記・天官書》云：「翼、軫，荊州。」(頁 1330)《淮南子・天文》云：「翼、軫，楚。」(頁 123)

〔註62〕　《淮南子・天文》云：「東井、輿鬼，秦。」(頁 123)《史記・天官書》注引《星經》云：「東井、輿鬼，秦之分野。」(頁 1346)

百姓離去，被滿四方。（頁1286～1287）

漢元年十月，五星聚於東井，以曆推之，從歲星也。此高皇帝受命之符也。（頁1301）

然而，上引諸說雖言之鑿鑿，實則難脫附會之嫌。蓋五星聚於東井，並非高祖元年「十月」之事。《北史‧高允傳》云：

（高允曰）天文曆數不可空論。夫善言遠者必先驗於近。且漢元年冬十月，五星聚於東井，此乃曆術之淺。今讖漢史，而不覺此謬，恐後人讖今猶今之讖古。」浩曰：「所謬云何？」允曰：「案星傳，金水二星常附日而行。冬十月，日在尾箕，昏沒於申南，而東井方出於寅北。二星何因背日而行？是史官欲神其事，不復推之於理。」浩曰：「欲爲變者何所不可，君獨不疑三星之聚，而怪二星之來？」允曰：「此不可以空言爭，宜更審之。」時坐者咸怪，唯東宮少傅游雅曰：「高君長於曆數，當不虛也。」後歲餘，浩謂允曰：「先所論者，本不注心，及更考究，果如君語，以前三月聚於東井，非十月也。」（頁1068）

由此可見，高祖元年十月「五星聚於東井」之說，實乃論者爲「湊合」高祖「十月至霸上」所作之「解釋」，並非「實錄」。〔註63〕

（三）神靈符記

《春秋演孔圖》云：

天子皆五帝精，寶各有題序。次運相據起，必有神靈符記，諸神扶助，使開階立遂（注云：遂，當作燧。燧，道也。）。王者常置圖籙坐旁以自正。（頁581）

依緯書作者之意，五帝皆感五帝精所生；故帝王之興，亦據五德之運依次更迭。除此之外，還必須有「神靈符記，諸神扶助」，如此才能「開階立燧」，受天所命而爲一代之王。也正因爲如此，故王者乃常置「圖籙」於坐旁，時時刻刻檢視天命之所在，並藉此以「自正」。光武於侄傯之際仍「讀圖讖」而至「中風發疾」（《東觀漢記》：頁11）者，其緣亦出乎此。且如上引文所示，在王者「受命」之「過程」中，「神靈符記（或者說「圖籙」）」似乎扮演最終「決定者」

〔註63〕另參王先謙：《漢書補注》，頁36；江曉原：《天學真原》，頁242；劉坦：《中國古代之歲星紀年》（北京：科學出版社，1957年12月），頁139～141。

之角色。故王者雖「次運相據起」，卻仍必須有「神靈符記」；如此才能「開階立燧」，以當一王之位。也正因爲「神靈符記」具有無可取代之地位，故緯書作者於此，乃屢申其義。例如：

> 五德之運，各象其類；興亡之名，應錄相次。（《春秋元命苞》：頁623）

> 三德之運，應錄次相代。（《春秋元命苞》：頁623）

> 五德之運，同徵合符，膺錄次相代。（《春秋命曆序》：頁855）

很明顯的，王者受命除依「五德之運」外，還必須與「錄次」相應；如此才能「同徵合符」，正式獲得受命之根據。故云：「五帝出，受圖錄。」（《尚書璇璣鈐》：頁375）「帝受命，握符出。」（《孝經鉤命決》：頁902）

　　此類「神靈符記」，當然也可以泛指一般之祥瑞。然緯書作者之所以再三強調「神靈符記」之重要性，則「神靈符記」之稱，或當不僅只於一般之祥瑞休徵而已。所謂「符」，《說文》云：「符，信也。漢制以竹，長六寸，分而相合。」（頁193）其義略同於今日所謂之「憑證」、「憑據」。從此一角度來說，則所謂「符命」，實不僅只是「徵兆」的顯示而已，而是專指帝王受命之「憑證」。在緯書中，「符」又有另一層涵義，專指以「文本」形態出現之「符命」。如鄭注《尚書考靈曜》云：「符，圖書也。」（頁355）又注《易是類謀》云：「圖，書也。」（頁278）從此一角度而言，其義又略同於今日習稱之「天書」。惟一般「天書」或無「文字」、或文義艱深難懂，故又有「無字天書」之稱；然讖緯之「天書」，其文辭或許不易逐字索解，但卻是「有字天書」——直接透過語言文字，「明示」帝王受命之運期。嚴格意義上之符命，或當專就此類受命之圖書而言，意指帝王受命之文書憑證。

　　此類以「符命」爲義之「圖書」，就其「文本」形態而言，又爲《河圖》、《洛書》之省稱。如《後漢書・班彪傳》注云：「圖書，《河圖》、《洛書》也。」（頁1384）而就其「紀錄」帝王終始存亡之期，且涉及帝王受命之「名錄」而言，亦稱之爲「圖錄（籙）」、或省稱「錄（籙）」。如《尚書璇璣鈐》云：「《河圖》，命紀也。圖天地帝王終始存亡之期，錄代之矩。」（頁378）《尚書緯》云：「河洛之符，名字之錄。」（頁392）《尚書中候苗興》云：「堯受圖書，已有稷名在錄言，其苗裔當王。」（頁449）鄭注《易是類謀》云：「圖書必顯起者之名姓，及所出之地。」（頁282）《河圖挺佐輔》云：「河出龍圖，雒出龜書，紀帝錄州聖人所紀姓號。」（頁1108）「符命」以「圖書」的方式呈現，而「圖書」又指「《河圖》、《洛書》」；故現存緯書佚文有關「神靈符記」之說，亦不脫「河出圖，

洛出書」之範圍。（案：夏禹之說未見，疑文獻散佚所致）只是具體敘述必須配合「五德之運」，故文字略有差別。現存緯書此類說法頗多，茲擇要引述如下，以見其意：

伏犧	伏羲氏有天下，龍馬負圖出於河，遂法之畫八卦。又龜書，洛出之也。（《尚書中候》；頁 399）
	伏羲氏王天下，有神龍負圖出於黃河。法而效之，始畫八卦，推陰陽之道，知吉凶所在，謂之河圖。（《龍魚河圖》；頁 1149）
黃帝	帝軒提象，配永循機，天地休通，五行期化。河圖出圖，洛龜書威，赤文像字，以授軒轅。（《尚書中候》；頁 399）
	黃帝得龍圖，中有璽章，文曰：「天黃符璽」。（《春秋運斗樞》；頁 724）
堯	堯坐舟中，與太尉臨觀。鳳凰負圖授堯，以赤玉為柙，長三尺，廣八寸，厚五寸，黃金檢，白玉繩，封兩端，其章曰：「天赤帝符璽」五字。（《春秋合誠圖》；頁 764）
	堯即政七十年，受河圖。注曰：或云七十二年。（《尚書中候考握河紀》；頁 423）
	堯時，龍馬銜甲，赤文綠色，臨壇上。甲似龜背，廣袤九尺，圓理平上，五色文，有列星之分，斗正之度，帝王錄紀，興亡之數。（《尚書中候》；頁 401）
	堯即政十七年，仲月甲日，至于稷，沈璧於河。青雲起，回風搖落，龍馬銜甲，赤文綠色，自河而出，臨壇而止，吐甲迴遭。甲似龜，廣九尺，有文言虞、夏商、周、秦、漢之事。帝乃寫其文，藏之東序。（《尚書中候考握河紀》；頁 424）
舜	舜以太尉受號，即位為天子。五年二月，東巡狩。至於中月，與三公、諸侯臨觀河洛。黃龍五采負圖出，置舜前。圖以黃玉為匣，如櫃，長三尺，廣八寸，厚一寸，四合而連，有戶、白玉檢、黃金繩；芝為泥，封兩端，章曰：「天黃帝符璽」五字，廣袤各三寸，深四分，鳥文。（《春秋運斗樞》；頁 711）
夏	伯禹曰：臣觀河百，面長人魚身，出曰：吾河精也，授臣河圖。（《春秋演孔圖》；頁 408）
	禹受啟，握元珪出。刻曰：延喜之玉，受德，天賜之佩。（《尚書璇璣鈐》；頁 376）
商	天乙在亳，夏傑迷惑，諸鄰國繈負歸德。東觀乎洛，習禮堯壇，降三分沈璧，沈於洛水，退立，榮光不起，黃魚雙躍出，躋於壇，黑鳥以雄隨，魚亦止，化為黑玉，赤勒，曰：「玄精天乙受神福（疑當作「符」）。（《尚書中候雒予命》；頁 433）
	湯沈璧於洛水，黃魚雙躍，出濟於壇。元鳥隨魚出示生，化為玄玉，赤勒，玄精天乙，受神命代，天下服。（《尚書中候》；頁 410）
周	文王比隆興始霸，伐崇，作靈臺，受赤雀丹書，稱王制命，示王意。（《易是類謀》；頁 299）
	周文王為西伯，季秋之月甲子，赤雀銜丹書入豐部，止於昌戶。乃拜稽首受，取曰：「姬昌，蒼帝子，亡殷者紂也。」（《尚書中候》；頁 411）

孔子	得麟之後，天下血書魯端門曰：趍作法，孔聖沒。周姬亡，彗東出。秦政起，胡破術，書紀散，孔不絕。子夏明日往視之，血書飛爲赤鳥，化爲白書，署曰：演孔圖，中有作圖制法之狀。(《春秋演孔圖》；頁 578)
孔子	孔子曰：丘按錄讖論定國符，以春秋西狩，題釗表命，予以握嬉。帝之十二，當興平嗣，出妃妾，妾得亂。(《易乾鑿度》；頁 57)
秦	秦王政以白璧沈河，有黑頭公從河出，謂政曰:祖龍來。授天寶，開，中有尺二玉牘。(《河圖考靈曜》；頁 1195)
	維天降紀，秦伯出狩於咸陽，天震大雷，有火流下，化爲白雀，銜籙白雀，集於公車，曰秦伯霸也。(《尚書中候顗期》；頁 453)
漢	帝劉之秀，九名之世，帝行德，封刻政。(《河圖合古篇》；頁 1158)
	劉秀發兵捕不道，四夷雲集龍鬥野，四七之際火爲主。(《河圖赤伏符》；頁 1160)
	赤漢德興，九世會昌，巡岱皆當。天地扶九，崇經之常。(《河圖會昌符》；頁 1178)

上引緯書所論，其義可得而說者有五：

1、天帝所授「神靈符記」，大抵與「五德之運」相應。故黃帝受「天黃符璽」、堯受「天帝赤符璽」、舜受「天帝黃符璽」、文王受「赤雀丹書」。

2、天帝所授「神靈符記」，似有「圖」、「書」之區別：「圖」指「章曰」以下諸如「天帝符璽」之類的文字；合而言之，可稱之爲「圖章」，即天帝受命之「印證」。「書」則指「章曰」以外諸如「帝王錄紀，興亡之數」、「文言虞、夏、商、周、秦、漢之事」之類的文字，即符記所錄王者「終始存亡」之文。

3、天帝所授「神靈符記」，與前述感生、異表、五德、三統之論，就王者受命之「程序」而言，似亦微有分別。蓋「感生、異表」萌於「受命之前」，「五德、三統」形於「受命之時」，而「神靈符記」卻著於「受命之後」。故上引諸說或云「伏羲氏王天下」、或云「堯即政七十載」(現存緯書佚文此一說法頗多，詳參《尚書中候》諸篇)、或云「(舜) 即位爲天子」之後，才有所謂「神靈符記」的出現。而漢帝國所受「神靈符記」，更是遠在「九世」之後，而非高祖受命之時。就「光武」而言，此或可謂之「圖錄預設」；然就漢世其餘諸帝而言，神靈符記既出現於「受命之後」，則「預設」之說，顯然無法盡述其旨。以今日之述語言之，「感生、異表」實有類於「初選」，蓋謂具有感生、異表者，方具有逐鹿之「資格」；而「五德、三統」，則又類於「正式提名」，即藉由

五德、三統之程序論證，進一步取得問鼎之「合法性」；其後即位為王者，經天帝再次檢證，始正式核與「神靈符記(或者說「當選證書」)」，而受命之王乃藉此證書，進一步「代天巡狩」，並行封禪刻符之「就職大典」，以告成功於神靈。前述秦帝有感生之跡卻無受命之實，或亦可從此一角度獲得解釋。

4、在孔子為漢制法此一問題上，依緯書作者之意，此乃仲尼依天帝所示「錄讖」所論定；故《易是類謀》云：「集紀收錄，括要題訖備，命者孔丘」(頁283)，又云：「命機之運，由孔出，天心表際，悉如河洛命紀，通終命苞。」(頁284) 是孔子作《春秋》，殆本於天之所命，非僅一己之論而已。

5、緯書於神靈符記此一層面上，亦載錄與秦有關之說。然如前文所述，緯書作者既以秦「非命王」，則於理而言，秦實不當有所謂「神靈符記」。那麼，前引與秦有關之神靈符記又當作何解釋？細繹緯書之說，可以發現秦所受圖籙與諸帝之間有一明顯之區別：即諸帝所授圖籙乃言「天帝符璽」，而秦所授圖籙卻僅云：「秦伯霸」。從此一角度來說，則緯書作者似欲藉神靈符記，進一步闡述秦僅限於「霸王」之資，而非「受命之王」此一事實。換言之，秦所授圖籙，適足以證明秦僅及於霸主之位。故《易是類謀》「雒書假驅，掇漸霸」鄭注云：「假驅，謂在際代之間若秦者。掇漸，言皆有國錄，不能純耳，各絲在堯河洛，穆公授白雀之書，是霸，若因之齊桓。」(頁277)

此類「神靈符記」，從後設的角度來說，其實就是讖緯自身；蓋謂圖籙得自於神靈所示，而漢帝國政權之合法性，即由此獲得源自於天之超越根據。光武三十二年封禪之所以特重「《河圖》、《洛書》正文」(《後漢書‧祭祀志》；頁3166)，其緣殆出於此。

第四節　結　語

兩漢王命論述，自漢初以來，說凡三變：初以「五德相勝」為義，續以「五德相生」立說，嗣後讖緯集諸說之大成，兩漢王命論述之相關理據，至此乃臻於齊備，未再增立新說。

漢興之初，張蒼、賈誼、公孫臣、司馬遷等援鄒衍五德相勝之論，以為

漢家德運尋求超越之天命基礎；然彼時諸家或以漢爲「水德」、或以漢爲「土德」，並未獲得一致之結論。原諸家所論之所以有「水德」、「土德」之爭，關鍵實在於是否承認秦政權之合法性：故張蒼「黜秦」，乃以漢爲「水德」；而賈誼「取秦」，則以漢爲「土德」。其後武帝太初改制，始正式依據五德相勝理論，確立漢之德運屬土。然在同一時期，董仲舒依其公羊學理論，於鄒衍五德終始說之外，另立三統之義，以爲漢家政權尋求儒家經典之根據。其說以爲《春秋》爲漢制法，漢乃繼《春秋》代周而起，其統位屬「黑」。董生所持理據雖與張蒼等有別，然同樣將秦摒除於三統論述之外。嗣後武帝雖依五德相勝之歷史架構定漢德爲土，然其「改制」，卻頗採三統之說。五德、三統自此漸有相合之趨勢，迄王莽篡漢，亦是兼採五德、三統之論。

　　雖然武帝依五德相勝確立漢之德運爲土，然約在同時，五行理論在結構上起了根本的改變，從原本之「相勝結構」，逐漸往「相生結構」之方向發展，並正式提出「木生火，火生土，土生金，金生水」之相生原則。也正因爲五行理論出現結構上的變化，其用於解釋漢家德運，亦出現不同之論說基準。此即昭、宣以後，「漢家堯後」觀念的出現及劉向父子「閏統」說之建構。所謂「閏統」，蓋謂政權轉移依五德相生之序次更迭；而在五德更迭過程中，凡於「木」、「火」之際所出現之「政權」，實非五德論述下之「正統序次」，劉向父子稱之爲「非其序」。而秦廁於周、漢之間，正屬「非其序」之位置，故秦非命王；秦既非命王，則漢之德運乃直承於周而來。而周爲木德，故漢運屬火。換言之，劉向父子實以不同之理論，將秦摒除於五德論述之外。自此以降，漢家德運屬「火」即定爲一尊，未再出現其他說法。而五德理論亦從此改採「相生論述」，成爲爾後王命論述之共同基調。

　　降及東漢，讖緯之說應運而起。其說雖皆前有所承，然就兩漢王命論述之發展而言，讖緯所論，其義有三：

　　一、將「帝王感生」與「聖王異表」納入王命論述之領域，從「血緣正統性」與「出身神聖性」的角度，闡述帝王受命之要旨。

　　二、自武帝太初改制兼採五德、三統之說以來，五德、三統雖有漸次結合之跡象，然就實際運用之層面而言，論者所重視者，實爲五德而非三統（或者說以五德爲主而三統爲輔）。故武帝定漢德爲土，乃據五德立義；而劉向父子之說，亦依五德爲本。是就理論上而言，五德、三統實仍分屬畛域有別之系統；且諸家所論，亦未涉及理論整合之問題。

然五德、三統既皆涉及王命之問題，則將二者整合爲一，實亦大勢所趨。在同一論述架構下兼採五德、三統理論者，其說殆首於讖緯。然而，由於五德、三統在結構上本就難以合爲一體；故讖緯之說，亦未能從理論上眞正將二者鎔鑄爲一。

三、與漢初以來相關說法不同的是，讖緯又特重「神靈符記」於王命論述之地位；故屢屢強調王者受命除依「五德之運」外，還必須與「籙次」相應；如此才能「同徵合符」，正式獲得受命之根據。從後設的角度來說，讖緯之所以特別重視「神靈符記」，實亦理之必然。蓋所謂「讖緯」，若純就「王者受命之徵驗」的角度來說，則讖緯本身，實即「神靈符記」的表述形態之一。換言之，讖緯之所以特重神靈符記，其目的乃在提昇讖緯之地位，以讖緯作爲「決定王命歸屬」之最終基準，並爲光武受命尋求越超之天命根據。

雖然讖緯有關王命之說難脫「命定論」之色彩，然其說以爲：「自三皇以下，天命未去饗善，使一姓不再命。」（《尚書帝命驗》；頁373）又云：「天道煌煌，非一帝之功。王者赫赫，非一家之常。順命者存，逆命者亡。」（《春秋元命苞》；頁620）「命」雖由天所定，然天所據以定命者，實乃「向善」與否，即亦人之道德主體。以此觀之，讖緯之說實亦不失周代以來「天命有德」之要旨；而所謂「一姓不再命」，蓋亦存有戒愼恐懼之義，而欲人君以德自省也！

第六章　讖緯與經學
——讖緯經說之主要內涵及其影響

　　兩漢學術，其初本尚黃老刑名之學；雖「好儒術」如武帝者，一時亦難扭轉此大勢。《史記・武帝本紀》云：

> 孝武皇帝初即位，……鄉儒術，招賢良，趙綰、王臧等以文學爲公
> 卿，欲議古立明堂城南，以朝諸侯。草巡狩封禪改曆服色事未就。
> 會竇太后治黃老言，不好儒術，使人微得趙綰等姦利事，召案綰、
> 臧，綰、臧自殺，諸所興爲者皆廢。（頁451～452）

此一情況，至武帝建元五年始有重大之改變。是年，武帝「置五經博士」（《漢書・武帝本紀》；頁159），正式確立「五經」之官學地位。其後田蚡「絀黃老刑名百家之言」（《史記・儒林列傳》；頁3118），董仲舒議請絕「諸不在六藝之科孔子之術者」（《漢書・董仲舒傳》；頁2523）；五經之學從此取代黃老，成爲兩漢學術之主軸。自此以降，不僅公卿大夫「彬彬多文學之士」（《漢書・儒林傳》；頁3596）；大師授業，甚至「眾至千餘人。」（《漢書・儒林傳》；頁3596、3620）爰及漢末，雖曾一度「禮樂分崩，典文殘落」（《後漢書・儒林列傳》；頁2545）、「文書散亡，舊典不具，不能明經文。」（《後漢書・祭祀志》；頁3165）然光武中興，「愛好經術，未及下車，而先訪儒雅，探求闕文，補綴漏逸。……於是立五經博士，各以家法教授。《易》有施、孟、梁丘、京氏，《尚書》歐陽、大小夏侯，《詩》齊、魯、韓，《禮》大小戴，《春秋》嚴、顏，凡十四博士。」（《後漢書・儒林列傳》；頁2545）於是經學又興，學者漸眾。讖緯形成於此「經學極盛」之時代［註1］，從「經典詮釋」的角度來

〔註1〕　皮錫瑞云：「經學自漢元、成至後漢，爲極盛時代。」說見氏著：《經學歷史》，

說，其所涉經義或許無出前人之右；然就「經學發展」而言，讖緯之說實亦有其特殊之歷史地位。以下試分述之。

第一節　讖緯經學地位之演變

如上所述，光武即位之初原頗致力於儒家經學之提振；然光武所好者，實不僅止於此。史載光武即位祝文云：「王莽篡位，秀發憤興兵。……讖記曰：『劉秀發兵捕不道，卯金修德爲天子。』秀猶固辭，至于再，至于三。群下僉曰：『皇天大命，不可稽留。』敢不敬承。」(頁 22) 光武依讖記即天子位，故於此術，信之甚篤。〔註2〕光武此一特殊偏好，對爾後經學發展影響甚深。茲擇要簡述如下：

一、方術與經典之辨

讖緯之興，其初本與經義無涉；王莽所造符命如此，光武之初所見讖言亦復如是。〔註3〕且觀史書所錄，此際託讖以言事者，其說大體皆出方術之流。如地皇二年，卜者王況謂李焉曰：「新室即位以來，民田奴婢不得賣買，數改錢貨，徵發煩數，軍旅騷動，四夷並侵，百姓怨恨，盜賊並起，漢家當復興。君姓李，李音徵，徵火也，當爲漢輔。」(《漢書·王莽傳》；頁 4166~4167) 因爲焉作讖書。又如地皇四年，道士西門君惠「好天文讖記」，爲 (王) 涉言：「星孛掃宮室，劉氏當復興，國師公姓名是也。」(《漢書·王莽傳》；頁 4184) 讖記本具「方術」之特質，前賢早已明示此義。如徐養原云：「圖讖乃術士之言，與經義初不相涉。」〔註4〕圖讖此一特質，於光武令尹敏、薛漢「校定圖讖」之後，情況才略有改變。史云：

> 帝以 (尹) 敏博通經記，令校圖讖。(《後漢書·儒林列傳》；頁 2551)

〔註2〕 此觀光武「讀圖讖」以致「中風發疾」，即可略知端倪。《後漢書·光武本紀》李賢注引《東觀記》云：「上以日食避正殿，讀圖讖多，御坐廡下淺露，中風發疾，苦眩甚。」(頁 68)

〔註3〕 本文第二章已略揭其義，相關討論，另詳黃復山：《漢代尚書讖緯學述》(臺北：私立輔仁大學中國文學研究所博士論文，1996 年 6 月)，頁 28~45。

〔註4〕 說見〈緯候不起於哀平辨〉，收入趙所生等編：《中國歷代書院志》，第 15 冊，頁 242。近人陳槃對此考述尤詳，說參氏著：《古讖緯研討及其書錄解題》(臺北：國立編譯館，1991 年 2 月)，頁 179~256。

（薛）漢建武初爲博士，受詔校定圖讖。（《後漢書‧薛漢列傳》：頁 2573）

尹敏、薛漢，前者「博通經記」，後者則爲「博士」；此二人通曉儒家經典，此殆無庸置疑。光武以通曉儒家經典之學者校定圖讖，原其用意，自是希望藉此提高圖讖之地位，並使圖讖與儒家經典融而爲一。然而，光武雖有意將「圖讖」由「方士之術」轉爲「經典之學」；彼時學者對此，卻頗不以爲然。如尹敏云：

讖書非聖人所作，其中多近鄙別字，頗類世俗之辭，恐疑誤後生。（《後

漢書‧尹敏列傳》：頁 2558）

桓譚則云：

今諸巧慧小才伎數之人，增益圖書，矯稱讖記，以欺惑貪邪，詿誤

人主，焉可不抑遠之哉！臣譚伏聞陛下窮折方士黃白之術，甚爲明

矣；而乃欲聽納讖記，又何誤也！其事雖有時合，譬猶卜數隻偶之

類。陛下宜垂明聽，發聖意，屏群小之曲說，述五經之正義，略雷

同之俗語，詳通人之雅謀。（《後漢書‧桓譚列傳》：頁 959～960）

尹敏以讖書「非聖人所作」，桓譚更逕指圖書爲「巧慧小才伎數之人」所增益，且將之與「方士黃白之術」相提並論，謂之「猶卜數隻偶之類」。很顯然的，彼時學者仍視圖讖爲「方士之術」，且將之摒除於儒家經典之外。〔註 5〕雖然如此，但這並未改變光武提振圖讖之初衷。史載光武建武三十二年，「宣布圖讖於天下」（《後漢書‧光武本紀》：頁 89），圖讖自此取得官方法典之地位。又，同年

〔註 5〕 案：兩漢儒者視「圖讖」爲「方士之術」或「非聖人之書」者，除上引尹敏、
桓譚之論外，另有張衡、孔僖、楊充諸人。《後漢書‧張衡列傳》云：「衡以
圖緯虛妄，非聖人之法，乃上疏曰：『臣聞聖人明審律歷以定吉凶，重之以卜
筮，雜之以九宮，經天驗道，本盡於此。或觀星辰逆順，寒燠所由，或察龜
策之占，巫覡之言，其所因者，非一術也。立言於前，有徵於後，故智者貴
焉，謂之讖書。……永元中，清河宋景遂以歷紀推言水災，而僞稱洞視玉版。
或者至於棄家業，入山林。後皆無效，而復采前世成事，以爲證驗。至於永
建復統，則不能知。此皆欺世罔俗，以昧執位，情僞較然，莫之糾禁。且律
歷、卦候、九宮、風角，數有徵效，世莫肯學，而競稱不占之書。譬猶畫工，
惡圖犬馬而好作鬼魅，誠以實事難形，而虛僞不窮也。宜收藏圖讖，一禁絕
之，則朱紫無所眩，典籍無瑕玷矣。』」（頁 1911～1912）《後漢紀‧元和三年》
云：「（孔）僖以才學爲郎，校書東觀，上言圖讖非聖人書。」（頁 350）《華陽國
志》則云：「楊充，字盛國，梓潼人也。少好學，求師遂業。受古學於扶風馬
季長、呂叔公，南陽朱明叔，穎川白仲職，精研七經。……常言：『圖緯空說，
去事希略，疑非聖。』」（卷 10：頁 168）然彼時圖讖之地位已高於儒家經典，此
諸人所論，實已勢如弩末，難以撼動全局矣！

封禪所刻石文云：「《河》、《雒》命后，經讖所傳。」（《後漢書‧祭祀志上》；頁3166）
「讖」而名之曰「經」，可見光武已將圖讖等同於儒家經典。東漢初年「方術」
與「經典」之辨，自此乃告一段落。

二、圖讖內學地位之確立

如上所述，東漢初年學者雖頗視圖讖為方術；然自光武宣布圖讖於天下
後，「士之赴趣時宜者，皆騁馳穿鑿，爭談之。」（《後漢書‧方術列傳》；頁2705）於
是圖讖日隆，甚而「以讖正經」。史云：

> 漢時，又詔東平王蒼，正五經章句，皆命從讖。俗儒趨時，益為其
> 學，篇卷第目，轉加增廣。言五經者，皆憑讖為說。（《隋書‧經籍志》：
> 頁941）

> 孝明皇帝尤垂意於經學，即位，刪定擬議，稽合圖讖。（《東觀漢記》：頁
> 59）

> 永平元年，（樊儵）拜長水校尉，與公卿雜定郊祠禮儀，以讖記正五經
> 異說。（《後漢書‧樊儵列傳》：頁1122）

東平王蒼以讖「正五經章句」，明帝則以圖讖作為「刪定擬議」經學之基準；
而樊儵雜定郊祠禮儀，更援「讖記」以正「五經異說」。以此觀之，明章之際
圖讖顯然已凌駕於五經之上，而為仲裁取義之典範。自此以降，不僅學者「習
為內學，尚奇文，貴異數，不乏於時」（《後漢書‧方術列傳》；頁2705）；安帝之時，
朝廷更是「皆為章句內學」。《舊唐書‧元行沖傳》云：

> 漢有孔季產者，專於古學；有孔扶者，隨俗浮沉。扶謂產云：「今朝
> 廷皆為章句內學，而君獨修古義。修古義則非章句內學，非章句內
> 學，則危身之道也。」（頁3180）

所謂「內學」，《後漢書‧方術列傳》李賢注云：「謂圖讖之書。其事祕密，故
稱內。」（頁2705）是依《舊唐書》所錄，讖緯之學於安帝年間實已成為官方學
術之「正統」。〔註6〕且觀所謂「非章句內學，則危身之道」之論，彼時朝廷
又嚴禁學者訾議圖讖；比諸前漢，又可謂之「獨尊內學」矣！

三、儒者爭學圖緯及其相關問題

朝廷既重內學，非內學則為危身之道；在時勢所趨之下，東漢學士亦頗

〔註6〕 以上所述，另參黃復山：《漢代尚書讖緯學述》，頁49～51。

「兼明圖緯」。史云：「初，光武善讖，及顯宗、肅宗因祖述焉。自中興之後，儒者爭學圖緯。」（《後漢書·張衡列傳》；頁1911）東漢學者爭學圖緯，除散見於范書諸〈傳〉外；東漢碑刻所記，亦頗不乏其例。茲參酌呂宗力、翁麗雪所錄〔註7〕，並附以筆者蒐羅所及，整理表列說明如下：

學者	年代	相關內容	資料出處
楊春卿	光武	善圖讖學，爲公孫述將。	范書楊厚列傳 頁1046
景鸞	光武	能理齊詩、施氏易，兼受河洛圖緯，作易說及詩解，文句兼取河洛，以類相從，名爲交集。	范書儒林列傳 頁2572
薛漢	光武	善說災異讖緯，教授常數百人。建武初，爲博士，受詔校定圖讖。	范書儒林列傳 頁2573
劉輔	？～84	好經書，善說京氏易、孝經、論語傳及圖讖，作五經論，時號之曰沛王通論。	范書劉輔列傳 頁1427
楊統	明章	作家法章句及內讖二卷解說。	范書楊厚列傳 頁1047
郭鳳	明章	好圖讖，善說災異，吉凶占應。	范書方術列傳 頁2715
黃香	明章	知古今記，群書無不涉獵，兼好圖讖、天官、星氣、鍾律、歷算，窮極道術。	東觀漢記 頁738

〔註7〕　呂說見：〈從漢碑看讖緯神學對東漢思想的影響〉，《中國哲學》第12輯（1984年4月），頁107～108；翁說見：《東漢經術與士風》（臺北：國立臺灣師範大學國文研究所碩士論文，1983年4月），100～102。案：呂文所採碑刻之說，除下表所列外，另錄有以下數則：〈陳球後碑〉：「凡坟素遺訓，聖賢立言，掬精極微，無□不究。」〈祝睦碑〉：「該洞七典，探賾窮神。」〈丁魴碑〉：「兼究秘□，五義率由。」〈劉熊碑〉：「敦五經之瑋圖。」〈熊君碑〉：「治歐陽《尚書》，六日七分。……治天官日度，風角列宿。」〈田君碑〉：「究洞神變，窮奧極微。」〈蔡湛碑〉：「少耽七典。」〈督郵班碑〉：「樂古耽道，思散緯經。」〈趙寬碑〉：「純研機坟，素在國文。」〈武班碑〉：「苞羅術藝，貫洞聖□，……領校秘奧，研□幽微。」〈武榮碑〉：「廣學甄微，靡不貫綜。」〈楊著碑〉：「窮七道之奧。」以上數則，〈劉熊碑〉所錄，原文當作「敦五經之瑋，圖兼古業。」呂文斷句有誤。而〈熊君碑〉言熊君治六日七分等，呂文將之列入「通緯」之林，疑有推求太過之嫌。蓋讖緯雖言六日七分，但並非所有與六日七分有關者皆屬讖緯。至於其他數則，呂文將凡與「七典」、「七道」、「坟素」、「幽微」、「秘奧」有關者，一概目之爲通緯之例。然此類說辭語義不明，能否逕據以論斷此諸人皆兼明圖緯，似仍有待斟酌。

謝夷吾	明章	韜含六籍，推考星度，綜校圖錄，探賾聖秘。	范書方術列傳 頁 2713
楊震	？～124	明尚書歐陽，河洛緯度。	隸釋〔註8〕
袁良	？～131	典郡職重，親執經緯。	隸釋卷 6 頁 91
翟酺	和安順	四世傳詩。酺好老子，尤善圖緯、天文、歷筭。	范書翟酺列傳 頁 1602
樊英	和安順	習京氏易，兼明五經。又善風角、星筭、河洛七緯，推步災異。	范書方術列傳 頁 2721
王輔	和安順	學公羊傳、援神契。	謝承書方術傳 頁 186
尹珍	和安順	從汝南許慎、應奉受經書圖緯。	范書西南夷列傳 頁 2845
李固	94～147	博覽古今，明於風角、星筭、河圖、讖緯，仰察俯占，窮神知變。	范書注引謝承書 頁 2073
楊厚	71～152	曉讀圖書，粗識其意。	范書楊厚列傳 頁 1048
武梁	？～151	兼通河洛，諸子傳記。	隸釋，卷 6 頁 74
蔡朗	？～153	包洞典籍，刊摘沉祕，知機達要，通含神契。	全後漢文 頁 880
李休	？～157	少以好學，遊心典謨，既綜七經，又精群緯。	全後漢文 頁 881
周䁗	110～159	總六經之要，括河洛之機。	全後漢文 頁 881
祝睦	？～164	潛心耽學，該洞七典，探賾窮神。	全後漢文 頁 1012
馬融	79～166	集諸生考論圖緯。	范書鄭玄列傳 頁 1207
張表	？～168	該覽群緯，靡不究窮。	隸釋，卷 8 頁 91
劉瑜	？～168	少好經學，尤善圖讖、天文、歷筭之術。	范書劉瑜列傳 頁 1854
徐稚	79～168	學嚴氏春秋、京氏易、歐陽尚書，兼綜……河圖、七緯、推步、變易。	范書引謝承書 頁 1746

〔註8〕　〔宋〕洪邁輯：《隸釋》（北京：中華書局，2003 年 12 月），卷 12，頁 136。

郭泰	128～169	考覽六經，探綜圖緯。	全後漢文 頁 884
李翊	？～173	通經綜緯，兼究古雅。	隸釋，卷 9 頁 136
姜肱	97～173	姜肱與二弟仲海、季江學皆通五經，兼明星緯。	范書姜肱傳 頁 1749
劉寬	120～185	根經緯，綜精微。	隸釋卷 11 頁 124
鄭玄	127～200	博通六藝，粗覽傳記，時睹祕書緯術之奧。	范書鄭玄列傳 頁 1209
何休	129～182	休木訥多智，三墳五典、陰陽算術、河洛讖緯及遠年古諺、歷代圖籍，莫不成誦也。	後漢書集解 頁 904
曹全	？～185	甄極祕緯，無文不綜。	全後漢文 頁 1307
任安	124～202	從同郡楊厚學圖讖，究極其術。	范書任安列傳 頁 2551
董扶	桓靈獻	少遊太學，與鄉人任安齊名，俱事同郡楊厚，學圖讖。	范書方術列傳 頁 2734
趙典	桓靈獻	學孔子七經、河圖、洛書，內外藝術，靡不貫綜。	謝承書趙典傳 輯注，頁 23
魏朗	桓靈獻	從博士郤仲信學春秋圖緯。又詣太學受五經。	范書黨錮列傳 頁 2200～2201
申屠蟠	桓靈獻	博貫五經，兼明圖緯。	范書申屠蟠列傳 頁 1751
公沙穆	桓靈獻	長習韓詩、公羊春秋，尤銳思河洛推步之術。	范書方術列傳 頁 2730
韓說	桓靈獻	博通五經，尤善圖緯之學。	范書方術列傳 頁 2733
唐扶	桓靈獻	耽道好古，敦書詠詩，綜緯河洛，底究群典。	隸釋卷 5 頁 60
姚俊	東漢末	尤明圖緯祕奧。〔註9〕	謝承後漢書 輯注，頁 267

〔註9〕　《藝文類聚》卷 87 引〔晉〕張勃《吳錄》曰：「姚俊常種瓜菜，灌園以供衣食。時人或餉，一無所受。」（頁 1502）依《藝文類聚》所引《吳錄》之語，則姚俊或為靈獻以迄三國時人。

譙周	東漢末	蜀志曰：「周字允南，巴西西充國人也。治尚書，兼通諸經及圖緯。」	范書五行志注引頁 3265
何英	東漢末	字叔俊，……學通經緯。	華陽國志卷 10 頁 131
楊由	東漢末	字哀侯，學通經緯。	華陽國志卷 10 頁 131
何宗	東漢末	通經緯、天官、推步、圖讖。	華陽國志卷 10 頁 136
廖扶	不詳	專精經典，尤明天文、讖緯，風角、推步之術。	范書方術列傳頁 2719
益州太守	不詳	游學魯衛，師孔氏門，鉤深河洛，綜覽典墳。	隸釋，卷 18 頁 182
尚博	不詳	兼覽七□，墳典素丘，河洛運度，該三五之籍。	參呂宗力所引

上表所列，其義可得而說者有三：

（一）如上表所示，東漢學者爭學圖緯，適與圖讖地位之高下成正比：東漢初年圖讖未隆，彼時習讖者亦寡。然光武宣布圖讖於天下後，明章之際兼明圖緯者即不乏其人。而安帝年間「獨尊內學」，學者習讖乃成一普遍之潮流；迄於東漢末年，其勢猶仍未衰。

（二）東漢儒生兼明圖緯者，除通於儒家經典外，餘或善災異，或精於天文、歷算、風角、推步之術。而其所明經典，如本文第四章所云，又是漢儒藉以推闡災異之法典基礎。而天文、推步之術，就其與預決吉凶有關而言，其說實又與災異殊塗同歸。至於讖緯，其初本亦屬方術之流；且依現存緯書佚文所載，其說亦頗涉及災異之論。以此觀之，東漢學者之所以爭學圖緯，除附同上意外，又實與災異之說密切相關。而漢儒具有「方士化」之傾向，於此亦可略窺其要。

（三）上表所列，除楊春卿、楊統、楊厚、黃香以外，其餘大體明經且兼通圖緯。而其所明經典，基本上又以今文經為主。讖緯與今文經關係甚深，於此亦可略窺一二。〔註10〕

〔註10〕讖緯與今文經有關，歷來對此均無二辭。相關研究，請參鍾肇鵬：《讖緯論略》，頁 116～146；黃復山：《漢代尚書讖緯學述》，頁 343～348；洪春音：《緯書與兩漢經學關係之研究》（臺中：私立東海大學中國文學系博士論文，2002年 7 月）；呂宗力：〈緯書與西漢今文經學〉，收入安居香山編：《讖緯思想の

　　除上表所列諸家外，其他如張純「案七經讖」以議明堂制度《後漢書·張純列傳》；頁 1196)、曹褒「次序禮事，依準舊典，雜以五經讖記之文」《後漢書·曹褒列傳》；頁 1203)、樊儵「以讖記正五經異說」《後漢書·樊宏列傳》；頁 1122)、賈逵「上言《左氏》與圖讖合者」《後漢書·賈逵列傳；頁 1237) 等，史書雖未明言其「兼明圖緯」；然其說既援圖緯以爲用，則此諸家明於圖緯之說，殆亦毋庸置疑。而班固上〈兩都賦〉、作〈典引〉，其文亦頗據圖讖以述己意〔註11〕；以此觀之，班固實亦頗習圖緯之說，只是史書未曾明言而已。

　　如上所述，讖緯於東漢初年雖或不受儒者所重；然光武挾其帝王之尊，欽命「校定圖讖」且頒之於天下；圖讖因而取得與經典同等之地位，成爲東漢學術所不可或缺之一環。降及明章，不僅帝王稽合圖讖以爲刪定擬議經學之基準；學者所論，甚或「憑讖爲說」以正經義。圖讖發展至此，乃一躍而位居五經之上，成爲仲裁取義之法典。安帝年間，圖讖又一躍而爲官方學術之正統；不僅朝廷「皆爲章句內學」，學士大夫更是「爭學圖緯」。比諸前漢，又實可謂之「彬彬多圖緯之士」矣！

第二節　讖緯經說之主要內涵

　　先哲對於經典之解釋，諸家所述雖或各有偏重；其基本內容，實不出以下三者：「闡釋經旨」、「訓解經文」與「發明條例」。讖緯之說，大體亦復如此。茲擇要簡述如下，以明其義。

一、闡釋經旨

　　學者論「經」必先揭其「宗旨」，此在儒家經典成爲「官學」以前，先哲早已屢述其義。在先秦，如《莊子》云：「《詩》以道志，《書》以道事，《禮》以道行，《樂》以道和，《易》以道陰陽，《春秋》以道名分。」(〈天下〉；頁 1067)《管子》云：「《詩》者所以記物也。……《春秋》者所以記成敗也。……《易》者所以守凶吉成敗也。」(〈山權數〉；頁 562)《荀子》云：「《禮》之敬文也，《樂》之中和也，《詩》、《書》之博也，《春秋》之微也，在天地之間者畢矣。」(〈勸學〉；頁 12)「《詩》言是，其志也；《書》言是，其事也；《禮》言是，其行也；《樂》

　　　　綜合研究》（東京：圖書刊行會，1984 年 2 月），頁 395〜426。
〔註11〕文見《後漢書·班固列傳》；頁 1335〜1352、1375〜1384。至於此二文所寓圖讖之說，詳參李賢注，茲不具引。

言是，其和也；《春秋》言是，其微也。」（〈儒效〉；頁 133）《禮記・經解》云：
溫柔敦厚，《詩》教也；疏通致遠，《書》教也；廣博易良，《樂》教也；潔靜
精微，《易》教也；恭儉莊敬，《禮》教也；屬辭比事，《春秋》教也。」（頁 845）
於漢初，則《新書・道德說》云：

> 《書》者，著德之理於竹帛而陳之，令人觀焉，以著所從事，故曰：
> 「《書》者，此之著者也。」《詩》者，志德之理，而明其指，令人
> 緣之以自成也，故曰：「《詩》者，此之志者也。」《易》者，察人之
> 精德之理與弗循，而占其吉凶，故曰：「《易》者，此之占者也。」
> 《春秋》者，守往事之合德之理與不合，而紀其成敗，以爲來事師
> 法，故曰：「《春秋》者，此之紀者也。」《禮》者，體德理而爲之節
> 文，成人事，故曰：「《禮》者，此之體者也。」《樂》者，《書》、《詩》、
> 《易》、《春秋》、《禮》五者之道備，則合於德矣，合則驩然大樂矣，
> 故曰：「《樂》者，此之樂者也。」（頁 327～328）

《史記・太史公自序》云：

> 《易》著天地陰陽四時五行，故長於變；《禮》經紀人倫，故長於行；
> 《書》記先王之事，故長於政；《詩》記山川谿谷禽獸草木牝牡雌雄，
> 故長於風；《樂》樂所以立，故長於和；《春秋》辯是非，故長於治
> 人。是故《禮》以節人，《樂》以發和，《書》以道事，《詩》以達意，
> 《易》以道化，《春秋》以道義。（頁 3297）

上引諸家對於六經旨要之說明，雖其用以表述之文字略有小異；然其要旨，
實皆不出《莊子》所述之範圍。讖緯對於六經旨要之理解，其說雖或有本諸
前人之論者，然新變之處亦所在多有。以下試分述之。

（一）釋《易》

《易乾鑿度》云：

> 《易》者，易也，變易也，不易也。管三成爲道德苞籥。易者，以言
> 其德也。通情無門，藏神無內也。……變易者，其氣也。天地不變，
> 不能通氣，五行迭終，四時更廢。……不易也者，其位也。天在上，
> 地在下；君南面，臣北面。父坐子伏，此其不易也。（卷上；頁 3～5）

如〈乾鑿度〉所云，《易》之爲義，其要有三：「易」、「變易」與「不易」。所
謂「易」，〈乾鑿度〉以「言其德」、「通情無門，藏神無內」釋之。鄭注云：「德
者，得也。」如鄭注所云，〈乾鑿度〉以「易」說《易》，主要是從宇宙萬物

皆得之於「易」，並以此作為其存在基礎的角度而言。故云：「光明四通，傚易立節。」(《易乾鑿度・卷上》；頁 3) 而「變易」者，〈乾鑿度〉則以「氣」釋之。此一說法，與先秦以來認為《易》著陰陽之理，故長於變化之說略同。至於「不易」，〈乾鑿度〉則從人倫綱紀的角度切入；認為《易》所體現者，實乃「先後尊卑」此亙古不變之通則。

　　《易緯》以《易》含「易，不易，變易」之理，日後注《易》者，亦頗採此說。如《周易正義》〈序〉云：

>　　《易緯・乾鑿度》云：「易一名而含三義，所謂易也，變易也，不易也。」又云：「易者，其德也，光明四通，簡易立節，天以爛明。日月星辰布設張列，通精無門，藏神無冗，不煩不擾，澹泊不失，此其易也。變易者，其氣也。天地不變，不能通氣；五行迭終，四時更廢；君臣取象，變節相移；能消者息，必專者敗。此其變易也。不易者，其位也。天在上，地在下，君南面，臣北面，父坐子伏，此其不易也。」鄭玄依此義作〈易贊〉及〈易論〉云：「易一名而含三義，易簡一也，變易二也，不易三也。」……崔覲、劉貞簡等並用此義。……而周簡子云：「易者，易也，不易也，變易也。易者，易代之名。凡有無相代，彼此相易，皆是《易》義。不易者，常體之名。有常有體，無常無體，是不易之義。變易者，相變改之名。兩有相變，此為變易。」張氏、何氏並用此義。(頁 3~4)

如孔序所云，本《易乾鑿度》「易一名而含三義」以說《周易》者，除鄭玄外，魏晉學者如崔覲、劉貞簡、周簡子、張氏、何氏〔註12〕等，亦皆援此以為論說之張本。而孔穎達本《易緯》所論以序《周易》，是孔氏亦兼採此說矣！漢末以迄唐代學者多本《易緯》以說《易》旨，就古代易學之發展而言，《易緯》之說實亦有其特殊之歷史意義。

〔註12〕　案：崔覲，正史無傳。《隋書・經籍志》錄有所注「《周易》十三卷」及所撰「《周易統例》十卷」。(見頁 910、911) 劉貞簡 (瓛)，南齊人，撰有「《周易乾坤義》一卷」、「《周易四德例》一卷」、「《周易繫辭義疏》二卷」等。(見《隋書・經籍志》：頁 911、912) 周弘正 (諡「簡子」)，南朝陳人，撰有「《周易義疏》十六卷」等。(見《隋書・經籍志》：頁912) 而「張氏」之稱，疑指「張譏」。張譏，南朝陳人，撰有「《周易講疏》三十卷」等。(見《隋書・經籍志》：頁 911) 至於「何氏」，《隋書・經籍志》錄有「《周易》十卷，梁處士何胤注」(頁910)、「《周易疑通》五卷，宋中散大夫何諲之撰」(頁 911)、「《周易講疏》十三卷，國子祭酒何妥撰」(頁912)；孔穎達所稱「何氏」，或為其中之一。

（二）釋《詩》

「詩以道志」，此乃先秦以迄兩漢學者之通義。〔註13〕讖緯對於《詩》旨之理解，亦持此論。如《春秋說題辭》云：「在事為詩，未發為謀，恬澹為心，思慮為志。故《詩》之為言，志也。」（頁856）除此之外，讖緯亦有以「持」說「詩」者。如《詩含神霧》云：

> 詩者，持也。以手維持，則承負之義。（頁464）

以「持」釋「詩」，並謂「持」有「承負」之義；此一說法，實乃讖緯首出之意。其後鄭注《禮記·內則》云：

> 詩之言，承也。（頁534）

鄭玄所云，實即本諸《詩緯》。降及唐代，於是而有「詩一名而含三訓」之說。〈詩譜序〉孔疏云：

> 詩有三訓：承也、志也、持也。作者承君政之善惡，述己志而作詩、
> 為詩，所以持人之行使不失隊，故一名而三訓也。（頁4）

「詩」一名而含「三訓」，其中之二即出自讖緯。讖緯具有輔翼經書之效，此亦其例。

（三）釋《書》

讖緯對於《尚書》之解釋，主要包含兩個層面：一曰釋名義，二曰釋篇數。其釋《尚書》「名義」者，如《尚書璇璣鈴》云：

> 《尚書》，篇題號。尚者，上也。上天垂文象，布節度。書者，如天
> 行也。（頁378）

> 書者，如也。書務以天言之，因而謂之書，加尚以尊之。（頁378）

《春秋說題辭》則云：

> 尚者，上也。上帝之書也。（頁856）

以《尚書》為「上帝之書」，此一觀點，與漢儒以《尚書》為「上古之書」或「上所言，史所書」之說有別。如〈尚書序〉云：

> 以其上古之書，謂之《尚書》。（頁9）

〈尚書序〉孔疏引王肅曰：

> 上所言，史所書，故曰《尚書》。（頁10）

〔註13〕除上引諸家所論外，其他如《尚書·舜典》云：「詩言志。」（頁46）〈毛詩序〉
云：「《詩》者，志之所之也；在心為志，發言為詩。（頁13）《說文》云：「詩，
志也。」（頁91）凡此，皆為以「志」釋「詩」之典型。

漢儒所論，似僅鄭玄之說同於讖緯。〈尚書序〉孔疏引鄭玄曰：

> 尚者上也，尊而重之若天書然。（頁10）

至於此「上帝之書」之功能，依緯書所云，其要乃在於「推帝王受命之期」及「明帝王受命之符」。如《春秋說辭辭》云：「《尚書》者，二帝之跡，三王之義。所以推期運，明受命之際。」（頁856）《孝經援神契》云：「《書》考命符授河。宋均注曰：授洛以考命符也。」（頁986）而其釋《尚書》「篇數」者，則《春秋說辭辭》云：

> 《書》之言，信而明。天地之精，帝王之功，凡百二篇，第次委曲。
>
> （頁856）

《尚書緯》則云：

> 孔子求書，得黃帝元孫帝魁之書，迄于秦穆公，凡三千二百四十篇。斷遠取近，可以為世法者，百二十篇，以百二篇為《尚書》，十八篇為《中候》。（頁390～391）

其說邈邈，自然不足以據信。然漢人以孔子曾編《尚書》「百篇」，而其時間「迄於秦穆公」的說法，卻頗為盛行。如《史記・孔子世家》云：「（孔子）序書傳，上紀唐虞之際，下至秦繆，編次其事。」（頁1395～1396）《漢書・藝文志》則云：「《易》曰：『河出圖，雒出書，聖人則之。』故《書》之所起遠矣，至孔子纂焉。上斷於堯，下訖于秦，凡百篇，而為之序，言其作意。」（頁1706）以此觀之，讖緯之說殆或附會前人成說而來。

（四）釋《禮》

如前所述，先哲釋「禮」，大體皆從人之行為規範或具體實踐的角度切入，故或以「行」釋「禮」（如莊子、荀子、《史記》），或以「體」釋「禮」（如賈誼）。讖緯之說，亦復如是。惟檢諸現存緯書佚文所述，讖緯對於「禮」之解釋，似皆本諸《禮記》之說而來。茲表列說明如下：

禮記	讖緯
禮者，履此者也。（〈祭義〉；頁821）	禮者，履也。（《禮含文嘉》；頁503）
禮也者，猶體也。（〈禮器〉；頁459）	禮者，體也。（《春秋說題辭》；頁857）
禮也者，合於天時，設於地財，順於鬼神，合於人心，理萬物者也。（〈禮器〉；頁449）	禮之動搖也，與天地同氣，四時合信，陰陽為符，日月為明，上下和洽，則物獸如其性命。（《禮稽命徵》；頁507）
夫禮必本於大一，分而為天地，轉而為陰陽，變而為四時。（〈禮運〉；頁438）	禮有三起：禮理起於太一，禮事起於遂皇，禮名起於黃帝。（《禮含文嘉》；頁503）

以此觀之，讖緯對於「禮」之解釋，其說實不出前人所述之範圍。除此之外，先哲尚有以「理」釋「禮」或以「養」釋「禮」之說。前者如《管子・心術上》云：「禮者，因人之情，緣義之理，而爲之節文者也。故禮者，謂有理也；理也者，明分以諭義之意也。故禮出乎義，義出乎理，理因乎宜者也。」（頁 328～329）《禮記・樂記》云：「禮也者，理之不可易者也。」（頁 684）《禮記・仲尼燕居》云：「禮也者，理也。」（頁 854）後者如《荀子・禮論》云：「禮者，養也。」（頁 346）《史記・禮書》云：「禮者，養也。」（頁 1161）這些說法，皆未見於現存緯書佚文。以此觀之，讖緯對於「禮」之解釋，殆僅側重「禮」之本體論意蘊及實踐方面之層次。然其所謂「禮有三起」，則又爲先哲所未曾論及者。

（五）釋《樂》

現存緯書佚文對於「樂」之解釋，主要有兩個層面：一是闡述樂之所本，一則強調樂之教化作用。就前者而言，先哲有關「樂」之所本，其說有二：或從形而上的角度切入，將樂歸本於「太一」。如《呂氏春秋・大樂》云：「音樂之所由來者遠矣，生於度量，本於太一。」（頁 255）而「太一」者，又實乃「道」之別稱，故又云：「道也者，至精也。不可爲形，不可爲名，彊爲之謂之太一。」（同上；頁 255）或就心理層面而論，將樂歸本於心之所感。如《禮記・樂記》云：「樂者，音之所由生也。其本在人，心之感於物也。」（頁 663）讖緯對此，則有「五元」之說。《樂緯》云：

> 上元者，天氣也。居中調禮樂，教化流行，總五行氣爲一。下元者，地氣也。爲萬物始質也。爲萬物之容範。中元者，人氣也。其氣以定萬物，通於四時，象天心，理禮樂，通上下四時之氣，和合人之情，以塡天地者也。時元者，受氣于天，布之于地，以時出入萬物者也。風元者，禮樂之本，萬物之首，物莫不以風成熟也。（頁 566）

其說以「上元」、「下元」、「中元」、「時元」、「風元」層層推論，藉此以言禮樂之所本。其中「上元」爲「天氣」，且「總五行氣爲一」；是「上元」者，實乃氣猶未分之狀態。而禮樂者，即由此未分之「天氣」所逐漸分化而成。此一說法，疑乃推演《漢書・律曆志》「至治之世，天地之氣合以生風；天地之風氣正，十二律定」（頁 959）之說而來。藉氣之運化以言「禮樂」之所本，其說實亦具有濃厚之形上色彩。除此之外，《樂緯》又頗重視音樂之教化功能。如《樂動聲儀》云：「樂者，移風易俗。」（頁 538）樂既能移風易俗，故亦具有

體察施政得失之功效。其說云：

> 宮爲君。……商爲臣。……角爲民。……徵爲事。……羽爲物。

> 宮唱而商和，是謂善，太平之樂。角從宮，是謂哀，哀國之樂。羽從宮，往而不反，是謂悲，亡國之樂也。（《樂動聲儀》：頁 542）

> 聲放散則政荒：商聲欹散，邪官不理；角聲憂愁，爲政虐民，民怨故也；徵聲哀苦，事煩民勞，君淫佚；羽聲傾危，則國不安。（《樂緯》：頁 566）

此一說法，蓋本諸《禮記》。〈樂記〉云：「宮爲君，商爲臣，角爲民，徵爲事，羽爲物。五者不亂，則無怗懘之音矣。宮亂則荒，其君驕；商亂則陂，其官壞；角亂則憂，其民怨；徵亂則哀，其事勤；羽亂則危，其財匱。五者皆亂迭相陵，謂之慢。如此，則國之滅亡無日矣。」（頁 664）比觀前引讖緯有關釋「禮」之論，可見讖緯受《禮記》之影響頗深。

（六）釋《春秋》

讖緯對於《春秋》之解釋，主要有三方面：一釋《春秋》之「名義」，一釋《春秋》之「作意」，一釋《春秋》之「取材」。其釋《春秋》之「名義」者，《春秋演孔圖》云：

> 始於春，終於秋，故曰《春秋》。（頁 579）

如〈演孔圖〉所云，孔子作《春秋》始於「春」而成於「秋」，故乃名之曰「《春秋》」。此一說法，又涉及孔子修撰《春秋》之「時間」。蓋由「春」至「秋」，時歷「九月」；故現存緯書佚文亦頗多孔子修《春秋》，歷時「九月而成」之說法。如《春秋演孔圖》云：「孔子脩《春秋》，九月而成」（頁 577）、「獲麟而作《春秋》，九月書成」（頁 578）、「哀十四年春，而西狩獲麟，作《春秋》，九月書成。以其春作秋成，故曰《春秋》也」（頁 578）。而其解釋《春秋》之「作意」者，則《春秋演孔圖》云：

> 邱覽史記，援引古圖，推集天變，爲漢帝制法，陳敘圖錄。（頁 579）

> 麟出周亡，故立《春秋》，制素王，授當興也。（頁 580）

《春秋握誠圖》云：

> 孔子作《春秋》，陳天人之際，記異考符。（頁 826）

如上引二文所示，孔子之所以作《春秋》，實不僅止於記載歷史事實而已，而是以《春秋》作爲聖人受命之符。至於以《春秋》爲受命之符所衍生之相關

論題，本文第五章已略有說明，茲不贅。而其說明《春秋》之「取材」者，則《春秋演孔圖》云：

> 據周史，立新經。(頁579)

《春秋感精符》云：

> 孔子受端門之命，制《春秋》之義，使子夏等十四人求周史記，得百二十國寶書，九月經立。(頁745)

以孔子據「周史」而撰《春秋》，此一論點，與一般認爲孔子據「魯史」而修《春秋》之說有別。如《漢書·司馬遷列傳》云：「及孔子因魯史記而作《春秋》。」(頁2737)《孟子·滕文公下》趙注云：「孔子懼正道遂滅，故作《春秋》，因魯史記，設素王之法，謂天子之事也。」《三國志·文帝紀》云：「(孔子)脩素王之事，因魯史而制《春秋》。」(頁77)《朱子語類》云：「問《春秋》。曰：「此是聖人據魯史以書其事，使人自觀之以爲鑒戒爾。」〔註14〕《日知錄》卷4〈春秋闕疑之書〉云：「《春秋》因魯史而修者也。」(頁84) 緯書作者何以造爲此論？《公羊傳·隱公元年》徐彥疏云：

> 問曰：若言据百二十國寶書以爲《春秋》，何故《春秋說》云：「据周史立新經乎？」答曰：「閔因敍云：『使子夏等十四人求周史記，得百二十國寶書。』以此言之，周爲天子，雖諸侯史記，亦得名爲周史矣。」(頁6)

如徐疏所云，緯書作者之所以別立「據周史立新經」之論；此乃因爲彼時周爲天子，故諸侯史記亦得名之日周史。換言之，緯書所謂「周史」者，實或泛指「周代歷史」而言，不必過度拘泥於字面之意義。

（七）釋《孝經》

讖緯對於《孝經》之解釋，亦包含三個不同之層面：一釋「作者」，二釋「篇數」，三釋「作意」。《孝經》之「作者」爲誰，歷來有各種不同之說法。〔註15〕其主《孝經》爲孔子所作者，如《漢書·藝文志》云：

> 《孝經》者，孔子爲曾子陳孝道也。(頁1719)

《孔子家語》卷9〈七十二弟子解〉則云：

〔註14〕〔宋〕黎靖德編；王星賢點校：《朱子語類》(北京：中華書局，1986年3月)，卷83，〈春秋·綱領〉，頁2145。

〔註15〕詳參葉國良等：《經學通論》(臺北：國立空中大學，1996年1月)，頁372～379。

曾參，南武城人，字子輿，少孔子四十六歲。志存孝道，故孔子因
之以作《孝經》。〔註16〕

　　讖緯之說亦同。如《孝經援神契》云：

孔子制作《孝經》，使七十二子向北辰磬折。（頁993）

《孝經鉤命決》則云：

孔子在庶，德無所施，功無所就。志在《春秋》，行在《孝經》。（頁
1009）

　　至於《孝經》之篇數，《孝經鉤命訣》云：

《孝經》者，篇題就號也。所以表指括意序中，書名出義，見道日
著，一字苞十八章，爲天地喉襟，道要德本，故挺以題符篇冠就。（頁
1010）

如〈鉤命決〉所云，孔子所作之《孝經》共有「十八章」；此一說法，亦同於
《漢書・藝文志》所錄「《孝經》一篇十八章」（頁1718）之數。至於孔子制作《孝
經》之緣由，《孝經鉤命訣》云：

孔子云：欲觀我襃貶諸侯之志，在《春秋》；崇人倫之行，在《孝經》。

子曰：吾作《孝經》，以素王無爵祿之賞，斧鉞之誅，與先王以托權，
目至德要道，以題行。（頁1010）

宋均注云：「託，先以爲己權勢力。題行，題天子德行致群瑞，己行所及也。……
若夫子所以自開於受命也。」如宋均所云，則孔子之所以作《孝經》，除了「崇
人倫之行」外，更蘊有「受命」之寓意。如此一來，則《孝經》之地位，實
即等同於《春秋》矣！

二、訓解經文

　　讖緯除揭示聖人經典之「宗旨」外，亦有逐對經文加以解釋者。而其對
於經文之解說，又可別爲三種不同之方式：一曰訓詁，二曰章句，三曰條例。
訓詁舉大義，此乃漢初經師解說經典之主要方式。如《漢書・儒林傳》云：「景
帝時，（丁）寬爲梁孝王將軍距吳楚，號丁將軍，作《易說》三萬言，訓故舉大
誼而已。」（頁3597～3598）其後宣帝於五經之下各立博士，於是而有「章句之學」
的出現。所謂「章句」，乃指「經師對經文整段逐句的文義解釋，其重點在解

〔註16〕〔魏〕王肅注：〔清〕陳士珂疏證：《孔子家語疏證》（成都：四川人民出版社，
1997年6月），頁330。

說經的文義，而非訓詁經的字義。」〔註17〕至於「條例」，則是經師從經典中所抽繹出之「釋經原則」。〔註18〕這三個層面，「訓詁」解釋「字義」，「章句」解說「文義」，「條例」闡發「旨義」。讖緯之說，則兼而有之。茲擇要簡述如后：

（一）文字訓詁

《說文解字·序》云：「文字者，經義之本。」（頁771）故論經義，必先明訓詁。而訓詁之法，其要有三：一曰聲訓，二曰形訓，三曰義訓。讖緯之說，則以一、二兩項為主。

1、因聲求義

現存緯書佚文運用「因聲求義」之方法以釋字義者，其說含攝天文、地理與人事等諸多層面。為免繁瑣，以下但以「四時」、「五行」、「天干」、「地支」等為例，並參酌《白虎通》、《說文解字》及《釋名》所論，表列說明如下：

	讖緯	白虎通五行	說文	釋名
春	蠢也（632）	偆動也	蟲動也	蠢也
夏	大也（632）	大也	中國之人也〔註19〕	假也
秋	愁也（632）	愁也	禾穀熟也	緧也
冬	終也（632）	終也	四時盡也	終也
木	觸也（631）	觸也	冒也	冒也
火	委隨也（631）	委隨也	燬也	化也
土	吐也（631）	吐也	吐生者也	吐也
金	禁也（631）	禁也	禁也	禁也
水	准也（631）	准也	準也	準也
甲	押也（473）	萬物孚甲也	戴孚甲之象	孚甲也
乙	軋也（473）	物蕃屈有節欲出	象草木冤曲而出	軋也
丙	柄也（473）	其物炳明	萬物成炳然	炳也
丁	亭也（473）	強也	萬物皆丁實	壯也

〔註17〕葉國良等編：《經學通論》，頁490。
〔註18〕有關「條例」之解釋，另參章權才：《兩漢經學史》（臺北：萬卷樓圖書有限公司，1995年5月），頁97～99。
〔註19〕段注云：「夏，引申之義為大也。」（頁235～236）

戊	貿也（473）	茂也	象六甲五龍相拘絞也	茂也
己	紀也（473）	屈起	象萬物辟詘藏詘形也	紀也
庚	更也（473）	物庚也	象秋時萬物庚庚有實也	更也
辛	新也（484）	陰始成	秋時萬物成	新也
壬	任也（473）	陰使壬	壬位北方	妊也
癸	揆也（485）	揆度也	可揆度也	揆也
子	孳也（473）	孳也	萬物滋	孳也
丑	紐也（473） 好也（482）	紐也	紐也	紐也
寅	移也（473） 引也（473）	演也	髕也	演也
卯	冒也（473）	茂也	冒也	冒也
辰	震也（473）	震也	震也	伸也
巳	巳也（473）	物必起	巳也	巳也
午	杵也（473）	物滿長	悟也	仟也
未	昧也（473）	味也	味也	昧也
申	伸也（473）	身也	神也	身也
酉	老也（473）	老也	就也	老也
戌	滅也（473）	滅也	滅也	恤也
亥	核也（473） 閡也（473）	佟也	荄也	核也

　　如上表所示，讖緯對於四時、五行、天干、地支之解釋，實與《白虎通》、《說文》、《釋名》等相去不遠。換言之，讖緯有關「因聲求義」之運用，基本上仍合於訓詁之軌範。惟讖緯對於上述字義之解釋，並不純粹出於訓詁之要求，而是有其深層之考量——配合陰陽消長以釋字義。如其釋「子」云：「陽氣既動，萬物孳萌。」（《詩推度災》；頁473～474）釋「丑」云：「陽施氣，陰受道，陽好陰，陰好陽，剛柔相好。」（《詩汎歷樞》；頁483）釋「寅」云：「陽氣從內戲。」（同上）釋「卯」云：「陰質陽。」（同上）釋「巳」云：「陽氣已出，陰氣已藏，萬物出，成文章。」（同上）釋「午」云：「陽氣極於上，陰氣起於下。」（同上）釋「未」云：「陰陽已長，萬物稍衰，體蔓昧也，故曰蔓昧於未。」（《詩推度災》；頁474）惟此釋義之方式並非讖緯所獨創，早在漢初，《史記·律書》即有此義。其文云：

十月也，……其於十二子爲亥。亥者，該也。言陽氣藏於下，故該
也。……十一月也，……陽氣踵黃泉而出也。其於十二子爲子。子
者，滋也，言萬物滋於下也。其於十母爲壬癸。壬之爲言任也，言
陽氣任養萬物於下也。癸之爲言揆也，言萬物可以揆度，故曰癸。……

（頁 1244：原文頗長，茲不具引）

且若通觀《史記・律書》全文，即可發現讖緯之說，幾全襲《史記》所論，
只是文字略有小異而已。且《史記》所云尚配合律呂、二十八宿以爲說；較
之讖緯，實又更具體系。

2、緣形釋義

相較於「因聲求義」之說，讖緯藉字形以說字義，其實並不多見。茲略
引數例如下：

天……立字一大爲天。（《春秋說題辭》：頁 858）

地……其立字，土力于一者爲地。（《春秋元命苞》：頁 630）

木……其字八推十爲木，八者陰合，十者陽數。（《春秋元命苞》：頁 631）

火……其字人散二者爲火也。（《春秋元命苞》：頁 631）

土……其立字，十夾一爲土。（《春秋元命苞》：頁 631）

水……故其立字兩人交一，以中出者爲水。（《春秋元命苞》：頁 631）

春……立字屯下日爲春也。（《春秋元命苞》：頁 632）

夏……其立字百下久爲夏也。（《春秋元命苞》：頁 632）

秋……其立字，禾被火者爲秋也。（《春秋元命苞》：頁 632）

冬……其立字，冰在舟中者爲冬也。（《春秋元命苞》：頁 633）

黍……其立字，禾入米爲黍。（《春秋說題辭》：頁 869）

風……其立字，虫動于几中者爲風。（《春秋考異郵》：頁 793）

屈中扶一而起者爲史。（《春秋元命苞》：頁 629）

此類說法，實皆屬「望文生義」，難以盡從。許愼《說文解字・序》曾云：「諸
生競逐說字解經誼，乃猥曰：馬頭人爲長，人持十爲斗，虫者，屈中也。……
皆不合孔氏古文。」（頁 770）許愼所譏者，殆或指此。

（二）推闡經義

　　現存緯書佚文，除《易緯》數種尚屬完備外；餘皆斷簡殘篇，難以確定其所釋經文爲何。其中較爲完整之《易緯》，其藉「卦氣」以釋《易》，學者對此已多有闡述。〔註20〕其餘諸緯，安居香山指出：「《尚書緯》中的大部份，是以五行說、陰陽說、祥瑞說、占星、曆數，或當時的民俗信仰和習俗，來解釋經文或經書中的語句。」〔註21〕而徐公持分析現存《詩緯》有關《詩經》經文之解釋，以爲《詩緯》釋經之特色爲：「《詩緯》爲漢代特有的一種《詩經》解釋學，其基本性格以天人感應爲核心。」〔註22〕至於《孝經緯》，以較無爭議之〈援神契〉與〈鉤命決〉爲例，除前文所述與《孝經》宗旨有關者外，其餘大體皆以節氣、星占、感生、異表、祥瑞之說爲主，顯然亦非針對《孝經》經文而發。而《論語讖》所載，除「孺悲欲見，鄉黨慕義」、「下學上達，知我者其天乎。通精曜也」、「子罕言利，利傷行也」（《論語撰考讖》；頁1069）等或與《論語》本文有關外，其餘大體皆以受命、異表之說爲主；其與《論語》本文無涉，殆亦毋庸置疑。而六經之中，《樂經》早已亡佚；《樂緯》之說，顯然亦與《樂經》經文之解釋無關。除此之外，諸緯之中明確可以尋繹出與經典本文之解釋有關者，就只有《春秋緯》而已。而其相關解釋，則又以《春秋》所記災異爲主。例如：

1、釋僖公三年「春正月不雨，夏四月不雨」

《春秋考異郵》云：

　　僖公三年，春夏不雨，於是僖公憂悶，玄服避舍，釋更徭之逋，罷軍寇之誅，去苛刻峻文慘毒之教，所蠲浮令四十五事，曰：方今大旱，野無生稼，寡人當死，百姓何罪，不敢煩人請命，顓撫萬人害，以身塞無狀。禱已，舍齊南郊，雨大澍也。（頁782）

　　僖公三時不雨，帥群臣禱山川，以過自讓。（頁782）

《漢書・五行志》釋此災變云：「先是者，嚴公夫人與公子慶父淫，而殺二君。國人攻之，夫人遜于邾，慶父奔莒。釐公即位，南敗邾，東敗莒，獲其大夫。有炕陽之應。」（頁1389）依〈五行志〉，僖公三年之所以春夏不雨，乃肇因於莊

〔註20〕　相關研究，可參朱伯崑：《易學哲學史》（北京：華夏出版社，1995年1月），頁189〜197；江婉玲：《易緯釋易考》（臺北：國立臺灣師範大學國文研究所碩士論文，1991年6月）。

〔註21〕　《緯書集成・解說》，頁40〜41。

〔註22〕　徐公持：〈論詩緯〉，《求是月刊》，第30卷第3期（2003年5月），頁83〜89。

公夫人與公子慶父淫，其後僖公伐其所奔之國所致，並未言及僖公曾因此「以過自讓」。然如本文第四章所云，「以過自讓」以塞災變，其說由來已久。〈考異郵〉之說，殆或別有所本。

2、釋僖公廿九年、昭公三年「大雨雹」

《春秋考異郵》云：

> 僖公九（按：當作「二十九」）年秋、昭公三年冬，並大雨雹。時僖公專樂齊女綺畫珠璣之好，掩月光，陰精凝爲災異。昭公事晉，陰精用密，故災。（頁782）

《漢書・五行志》釋僖公廿九年「大雨雹」云：「信用公子遂，遂專權自恣，將至於殺君，故陰脅陽之象見。釐公不寤，遂終專權，後二年殺子赤，立宣公。」（頁1427）釋昭公三年「大雨雹」則云：「季氏專權，脅君之象見。昭公不寤，後季氏卒逐昭公。」（頁1428）如〈五行志〉所云，僖公廿九年「大雨雹」實乃「陰凌陽」所致，而昭公三年「大雨雹」則是「季氏專權」所引起。《春秋考異郵》則直指「大雨雹」乃僖公「專樂齊女」、昭公「事晉」所引發。一咎臣下，一責主上，二者顯然大異其趣。

3、釋僖公卅二年「隕霜不殺草，李梅實」

《春秋考異郵》云：

> 魯僖公即位，隕霜不殺草，李梅實。梅李大樹，比草爲貴，是君不能伐也。（頁782）

案：《春秋》記「隕霜不殺草，李梅實」，事在僖公三十二年；《春秋考異郵》作「即位」，顯係誤記。惟其對於此次災異之解釋，則與劉向所謂「象臣顓君作威福」、董仲舒所謂「臣下彊也」（《漢書・五行志》；頁1412）之說相合。

4、釋定公元年「隕霜殺菽」

《春秋考異郵》云：

> 定公即位，隕霜不殺菽，菽者稼最強，季氏之萌。（頁782）

《漢書・五行志》云：「劉向以爲……陰氣未至君位而殺，誅罰不由君出，在臣下之象也。是時季氏逐昭公，公死于外，定公得立，故天見災以視公也。」（頁1426）〈考異郵〉所論，與此略同。

5、釋昭公廿五年「有鸜鵒來巢」

《春秋考異郵》云：

> 鸜鵒者飛行，屬於陽；夷狄之鳥，穴居而屬於陰。木巢者奪陽，時

季氏逐昭公，夷狄之類也。（頁790）

《漢書・五行志》云：「劉歆以爲羽蟲之孽，其色黑，又黑祥也，視不明聽不聰之罰也。」「劉向以爲……鸜鵒，夷狄穴藏之禽，來至中國，不穴而巢，陰居陽位，象季氏將逐昭公，去宮室而居外野也。……董仲舒指略同。」（頁1414）〈考異郵〉所論，義亦同此。

　　6、釋宣公十五年「冬，蝝生」

　　　《春秋漢含孳》云：

魯室履畝而稅，貪恣太過，則蝝生。（頁817）

《漢書・五行志》云：「宣是時初稅畝。……亂先王制而爲貪利，故應是而蝝生。」（頁1434）〈漢含孳〉之說，亦同此義。

　　7、釋莊公七年「恆星不見，夜中星隕如雨」

　　　《春秋感精符》云：

恆星不見，夜中星隕如雨，而王不懼，使榮叔改葬桓王冡，奢麗太

甚。（頁739）

恆星不見，夜明，周人榮奢改葬桓王冡，死尸復擾，終不覺之。（頁

739）

案：《春秋》記「恆星不見，夜中星隕如雨」，事在莊公七年；而周人改葬桓王，事在莊公三年五月。是依〈感精符〉之意，莊公七年「恆星不見，夜中星隕如雨」，實乃周人改葬桓王所引起。然依《漢書・五行志》，此一災變則是因爲「魯公子溺專政，會齊以犯王命，嚴弗能止，卒從而伐衛，逐天王所立。不義至甚，而自以爲功。民去其上，政絿下作，尤著，故星隕於魯，天事常象也。」（頁1508～1509）一責莊公「不義至甚」，一譴周人「改葬桓王」之不當，二說實相去甚遠。

　　8、釋桓公三年秋七月「日有食之」

　　　《春秋緯》云：

桓三年秋七月壬辰朔，日有食之，既。其後楚僭號稱王，滅穀鄧，

政教陵遲。（頁906）

《漢書・五行志》云：「董仲舒、劉向以爲……先是魯、宋弒君，魯又成宋亂，易許田，亡事天子之心，楚僭稱王。」（頁1482）以「楚僭號稱王」爲日蝕之應，讖緯之說實與董仲舒、劉向所論無別。惟董、劉二人並未論及「滅穀鄧」之說，讖緯則未論及魯、宋之事。

　　比較特殊的是，自《公羊傳》以來，學者基本上只探討《春秋》「所記」之異常事件，並未及於《春秋》所「未記」之部份。然在緯書作者看來，《春秋》所未記者，實亦隱含孔子立說之「微言大義」。如《春秋感精符》云：「魯哀公政亂，絕無日食，天不譴告也。」（頁743）宋均注云：「哀公時政彌亂，絕不日食。政亂之類，當致日食。而不應者，譴之何益，告之不悟。故哀公之篇，絕無日食之異。」如宋注所云，則《春秋》於哀公不書「日食」者〔註23〕，實寓有「無望而棄之」之意。其後《後漢書・明帝本紀》云：「（永平三年）日有蝕之。詔曰：『朕奉承祖業，無有善政。……昔楚莊無災，以致戒懼；魯哀禍大，天不降譴。今之動變，儻尚可救。』」（頁106）又，《後漢書・陳蕃列傳》云：「昔春秋之末，周德衰微，數十年閒無復災眚者，天所棄也。」（頁2166）此類說法，疑皆與讖緯有關。

　　如上所述，讖緯對於《春秋》所記災異之解釋，其說雖或與《漢書・五行志》所錄諸說有別；然就其追究災變所示人事之應而言，二者之間又實無二致。且比觀前引安居香山與徐公持之論，則讖緯對於經書之解釋，其所側重者，實在於闡發經文所蘊「天人相應」之理。此一趨向，亦與董生以來今文經說要旨相符。張廣保云：「緯書的釋經並不是單純注重經義本身，除了對經典本文作必要闡釋外，它還以天人之學爲基本理論架構對經典的大義加以重新組織，以圖在經義之中體究出天人之際的奧秘。」〔註24〕其說甚是。

三、發明義例

　　藉「條例」以說《春秋》，其說至遲可追溯至西漢初年。何休《春秋公羊傳解詁・序》云：「往者略依胡毋生條例，多得其正。」（頁4）是兩漢首開《春秋》條例之學者，其說實始於胡毋生。惟其說今已不存，未詳內容爲何。今所見較爲完整之說法，實爲董生所提出。董生所建構之《春秋》條例，含攝「義法」、「歷史」與「災異」的多重層面；而其要旨，則有二端、三統、四法、六科、十指等。〔註25〕董生之後以迄何休之前，兩漢文獻闡述《春秋》

〔註23〕案：魯哀公之時日蝕曾一見。詳參陳遵媯：《中國天文學史》（臺北：明文書局，1987年8月），第3冊，頁38。

〔註24〕姜廣輝主編：《中國經學思想史》（北京：中國社會科學出版社，2003年9月），第2卷，頁376

〔註25〕相關討論，另參拙著：〈董仲舒春秋學之歷史理論——三統與四法之建構及其內涵〉，收入林慶彰主編：《經學研究論叢》（臺北：臺灣學生書局，2003年6

條例最詳者，即是讖緯。茲分述如下：

（一）三科九旨

所謂「三科九旨」，其名未見西漢典籍。最早提出此一觀念者，其說或即首出讖緯。《公羊傳・隱公元年》徐疏云：

> 問曰：「《春秋說》云：『《春秋》設三科九旨。』其義如何？」答曰：「何氏之意，以為三科九旨正是一物。若總言之，謂之三科。科者，段也。若析而言之，謂之九旨。旨者，意也。言三個科段之內有此九種之意。故何氏作《文謚例》云：『三科九旨者，新周，故宋，以《春秋》當新王，此一科三旨也。』又云：『所見異辭，所聞異辭，所傳聞異辭，二科六旨也。』又：「內其國而外諸夏，內諸夏而外夷狄，是三科九旨也。」（頁7）

《禮記・檀弓下》孔疏云：「《易說》者，鄭引云《易緯》也。凡鄭云『說』者，皆緯候也。時禁緯候，故轉『緯』為『說』也。故《鄭志》：『張逸問：《禮》注曰《書說》，《書說》何書也？』答曰：『《尚書緯》也。當為注時，時在文網中，嫌引祕書，故諸所牽圖讖，皆謂之「說」云。』」（頁193）如孔疏所云，此處所謂「《春秋說》」者，實即指「《春秋緯》」。而如何休《文謚例》所云，所謂「三科九旨」，又實乃同一內容之不同表述方式：總言之，謂之三科；析言之，謂之九旨。惟徐疏又引宋氏注《春秋說》曰：

> 三科者，一曰張三世，二曰存三統，三曰異外內，是三科也。九旨者，一曰時，二曰月，三曰日，四曰王，五曰天王，六曰天子，七曰譏，八曰貶，九曰絕。時與日月，詳略之旨也。王與天王、天子，是錄遠近親疏之旨也。譏與貶、絕，則輕重之旨也。（頁7）

宋均所謂「三科九旨」，與何休之說又略有不同。蓋何休以「三科九旨」為一物，而宋均則別「三科」、「九旨」為二事。惟觀宋均所謂「張三世」、「存三統」、「異外內」，其說實即何休所謂之「所見異辭，所聞異辭，所傳聞異辭」、「新周，故宋，以《春秋》當新王」、「內其國而外諸夏，內諸夏而外夷狄」。今所習稱之「三科九旨」，則取宋均「三科」之說以攝何休「九旨」之意。即：張三世——所見異辭，所聞異辭，所傳聞異辭，此一科三旨；存三統——新周，故宋，以《春秋》當新王，此二科六旨；異外內——內其國而外諸夏，

月），第11輯，頁207～223；〈董仲舒春秋學之義法理論——端、科、指條例之學的建構〉，《中國學術年刊》，第27期（2005年3月），頁1～17。

內諸夏而外夷狄，此三科九旨。惟此諸家所述，實又本諸董生之論。《春秋繁露・三代改制質文》云：

> 湯受命而王，應天變夏作殷號，時正白統。親夏故虞，絀唐謂之帝堯，以神農爲赤帝。……文王受命而王，應天變殷作周號，時正赤統。親殷故夏，絀虞謂之帝舜，以軒轅爲黃帝，推神農爲九皇，……故《春秋》應天作新王之事，時正黑統。王魯，尚黑，絀夏，親周，故宋。（頁187～191）

此即「存三統」。其中所蘊「三旨」，則爲：「新周、故宋、以《春秋》當新王。」又，〈楚莊王〉云：

> 《春秋》分十二世以爲三等：有見，有聞，有傳聞。有見三世，有聞四世，有傳聞五世。故哀、定、昭，君子之所見也；襄、成、文、宣，君子之所聞也；僖、閔、莊、桓、隱，君子之所傳聞也。（頁9～10）

此即「張三世」。其中所蘊「三旨」，則爲：「所見異辭，所聞異辭，所傳聞異辭」。此外，〈王道〉則云：

> 親近以來遠，未有不先近而致遠者也。故內其國而外諸夏，內諸夏而外夷狄，言自近者始也。（頁116）

此即「異內外」。其中所蘊「三旨」，則爲：「內其國而外諸夏，內諸夏而外夷狄」。

如上所述，「三科九旨」之內容的確立，實經歷董仲舒、讖緯、何休與宋均等人之不斷推衍所漸次形成的；而讖緯所論，又實居承先啓後之關鍵地位。

（二）四部

所謂「四部」，兩漢公羊學者皆未論及此義；今所存者，但《春秋考異郵》云：

> 分爲四部，各有義焉。（頁796）

至於「四部」之詳細內容，現存緯書佚文未見更詳細之說解。今檢《禮記・月令》疏云：

> 桓五年「秋，大雩」，說雩禮，是一部也。僖二年「冬，十月，不雨」，僖三年「正月，不雨；夏四月，不雨」，說禱禮，是二部也。文二年、文十年、文十三年皆云「正月不雨，至于秋七月」，說旱而不爲災，是三部也。此三部總有七條，於二十四去七條，餘有十七條，說旱

氣所由。……〈考異郵〉說云：「分爲四部，各有義焉。」是其事也。

（頁 316～317）

如孔疏所云，所謂「四部」，主要是在說明同爲旱災，但《春秋》「書法」有別之原因。而其旨要，則有四端——說雩禮、說禱禮、說旱而不爲災、說旱氣之所由，故名之曰「四部」。

（三）五始

「五始」之名，最早見於《漢書・王褒傳》。其文云：「共惟《春秋》法五始之要，在乎審己正統而已。」（頁 2823）如班書所錄，《春秋》有「五始」，且其說涉及王者受命之「正統」問題；此一觀念，至遲在西漢中葉即已出現。至於「五始」之實際內涵，李賢注引張晏曰：

要，《春秋》稱「元年春王正月」，此五始也。（頁 2824）

惟張氏所云，無論從字數或內容上來說，都不足以合「五始」之數。李賢注引顏師古則云：

元者氣之始，春者四時之始，王者受命之始，正月者政教之始，公
即位者一國之始，是爲五始。（頁 2824）

衡諸下文所論，當以顏說爲是。今案：「元年春王正月」，此乃《春秋》之首句。依公羊、穀梁二家之理解，孔子之所以於《春秋》首書「元年春王正月」者，實寓有其深刻之用意。以《公羊傳》爲例，其說云：

元年者何？君之始年也。春者何？歲之始也。王者孰謂？謂文王也。
曷爲先言王而後言正月？王正月也。何言乎王正月？大一統也。公
何以不言即位？成公意也。何成乎公意？公將平國而反之桓。……

（頁 8～10）

如《公羊傳》所云，《春秋》之所以首記「元年春王正月」而不及「公即位」者，實爲玉成隱將讓位於桓之志，故略而不書。略而不書，但其義實已有之，故後世均就此以言「五始」之意。如徐彥疏引何休《文謚例》云：「五始者，元年、春、王、正月、公即位是也。」（頁 7）《春秋緯》則云：

黃帝坐于扈閣，鳳凰銜書至帝前，其中得五始之文。（頁 901）

黃帝受圖，有五始：元者，氣之始；春者，四時之始；王者，受命
之始；正月者，政教之始；公即位者，一國之始。（頁 902）

兩漢文獻明確指陳「元年、春、王、正月、公即位」爲「五始」者，其說實

首見於此。惟緯書作者欲神其事，故又將之歸於黃帝所受「天書」。今案：《春秋》本爲史書，所謂「元年春王正月」者，其初本係「紀年」之用語，並無任何特殊之意義。首先賦予此句以濃厚之「政治」性格者，實爲董仲舒。《春秋繁露》云：

> 《春秋》何以貴乎元而言之？言本正也。王者，人之始也。王正則元氣和順，風雨時，景星見，黃龍下。(〈王道〉：頁101)

> 謂一元者，大始也。知元年志者，大人之所重，小人之所輕。……惟聖人能屬萬物於一，而繫之元也。……是以《春秋》變一謂之元，元猶原也，其義以隨天地終始也。……故元者爲萬物之本，而人之元在焉。安在乎？乃在乎天地之前。……故春正月者，承天地之所爲也。……是故《春秋》之道，以元之深，正天之端；以天之端，正王之政；以王之政，正諸侯之即位；以諸侯之即位，正竟內之治。五者俱正，而化大行。(〈玉英〉：頁67～70)

> 《春秋》曰：「王正月」。……何以謂之王正月？曰：王者必受命而後王。王者必改正朔，易服色，制禮樂，一統於天下，所以明易姓非繼人，通以己受之於天也。王者受命而王，制此月以應變，故作科以奉天地，故謂之王正月也。(〈三代改制質文〉：頁184～185)

如董生所云，《春秋》之所以首書「元年春王正月」，實寓有兩層重要之旨意：1、元爲天地萬物之本，故首書「元」以貞定天地萬物之序位。2、王者必受命而王，故書「王正月」以明其所受於天之意。緯書之說，大體亦復如是。如《春秋元命苞》云：

> 王不上奉天文以立號，則道術無原，故先陳春，後言王。天不深正其元，則不能成其化，故先起元，然後陳春矣。(《春秋元命苞》：頁616)

> 諸侯不上奉王之正，則不得即位。正不由王出，不得焉正？王不承於天，以制號令，則無法。天不得正其元，則不得成其化也。(《春秋元命苞》：頁620)

> 王者受命，昭然明於天地之理，故必移居處，更稱號，改正朔，易服色，以明天命。(《春秋元命苞》：頁620)

此類說法，基本上即承董生之說而來。惟董生所謂「元」是否即指「元氣」，學界目前仍有爭議。其以「元」爲「元氣」者，如徐復觀云：「仲舒心目中元

年的元，實際是視爲元氣的元。」〔註26〕而持相反之説者，如周桂鈿云：「在董仲舒的哲學體系中，宇宙本原是『元』，而不是『元氣』。」〔註27〕然依讖緯，「元」實即指「元氣」。如《春秋元命苞》云：「元氣清以爲天，渾沌無形體。」（頁858）又曰：「元者，端也，氣泉。」宋均注云：「元爲氣之始，如水之有泉。泉流之原，無形以起，有形以分，窺之不見，聽之不聞。」（頁604）比觀宋注所云，讖緯以「元」爲「元氣」，此殆無庸置疑。其後《公羊傳・隱公元年》何注所謂：「變一爲元，元者，氣也。無形以起，有形以分，造其天地，天地之始也。」（頁8）疑即本諸讖緯。

（四）七等

所謂「七等」，徐彥疏引何休《文謚例》云：

> 七等者，州、國、氏、人、名、字、子是也。（頁7）

而「七等」之名，則首見於《春秋緯》。《春秋運斗樞》云：

> 《春秋》設七等之文，以貶絕錄行，應斗屈伸。（頁723）

〈運斗樞〉所云，其説雖未明確指陳「七等」之實際內容，然觀其所謂「貶絕錄行」之語，則「七等」者，其説當與《春秋》所寓褒貶之旨有關。至於「七等」所寓「褒貶」之法，現存緯書佚文未見更詳細之説明。今檢《公羊傳・莊公十年》云：

> 秋九月，荊敗蔡師于莘，以蔡侯獻舞歸荊者，何州名也？州不若國，
> 國不若氏，氏不若人，人不若名，名不若字，字不若子。（頁89）

何休注云：

> 周本有奪爵稱國、氏、人、名、字之科，故加州，文備七等。

如《公羊傳》及何休所云，「七等」之設，實緣於「稱謂」上之不同變化而來；且「州→國→氏→人→名→字→子」乃一漸次「下跌」之「價值判斷」，故藉此可觀《春秋》褒貶之意。

（五）七缺、八缺

所謂「七缺」、「八缺」，《春秋緯》云：

> 《春秋》書有七缺、八缺之義。（頁904）

惟其説但存「七缺」、「八缺」之「名」，於義則未見詳論。今檢《公羊傳・隱

〔註26〕徐復觀：《兩漢思想史》，（臺北：臺灣學生書局，1989年9月），頁354。
〔註27〕周桂鈿：《董學探微》（北京：北京師範大學出版社，1989年1月），頁42。

公元年》徐疏云：

> 七缺者，惠公妃匹不正，隱桓之禍生，是爲夫之道缺也。文姜淫而
> 害夫，爲婦之道缺也。大夫無罪而致戮，爲君之道缺也。臣而害上，
> 爲臣之道缺也。僖五年晉侯殺其世子申生，襄二十六年宋公殺其世
> 子，痤殘虐枉殺其子，是爲父之道缺也。文元年楚世子商臣弑其君，
> 襄三十年蔡世子般弑其君，固是爲子之道缺也。桓八年正月巳卯烝，
> 桓十四年八月乙亥嘗，僖三十一年夏四月四卜郊不從乃免牲，猶三
> 望六祀，不脩周公之禮缺。是爲七缺也矣。（頁7～8）

是「七缺」者，殆指缺「君臣、父子、夫婦」三綱之道及祭祀之禮。至於「八
缺」，因文獻有闕，茲暫存之。

　　如上所述，讖緯有關《春秋》義例之闡發，主要含攝三科九旨、四部、
五始、七等、七缺、八缺等各種不同之層面。這些說法，其義雖或有本諸董
生者（如三科九旨、五始）；然其「名義」，實皆首出讖緯。其後何休、宋均等又踵
其事而增華，發明《春秋》條例，至此乃成兩漢、魏晉春秋學之一大特色。〔註
28〕其中扮演承先啓後之關鍵角色者，又實非讖緯莫屬。是就兩漢春秋學之發
展而言，讖緯實亦有其特殊之歷史地位。

第三節　讖緯對東漢典制及經說之影響

　　讖緯於東漢頗具實質之影響，此觀光武依圖讖即天子位、彼時學者「爭
學圖緯」及「以讖正經」，即可略窺其要。除此之外，光武、顯宗二帝以圖讖
定禮樂制度；肅宗會諸儒講論五經異同，援圖讖以平其議；何休、鄭玄注解
經典，援圖讖以釋經義。凡此，亦皆爲讖緯影響於東漢典制與學術之顯例。
其中何休、鄭玄援緯注經之部份，學界對此已有闡述〔註 29〕；下文所述，但
以前兩項爲例。

〔註28〕兩漢以後，《春秋》條例之學仍爲魏晉學者所重。如《隋書・經籍志》錄有：
　　　「《春秋條例》十一卷，晉太尉劉寔撰」、「《春秋經例》十二卷，晉方範撰」、
　　　「《春秋左氏傳條例》二十五卷」、「《春秋義例》十卷」、「《春秋左傳例苑》十
　　　九卷」。（頁929）惟諸說皆佚，今已莫知其詳。
〔註29〕說詳呂凱：《鄭玄之讖緯學》（臺北：臺灣商務印書館，1982 年 5 月），頁 182
　　　～194；張廣慶：《何休春秋公羊解詁研究》，《師大國文研究所集刊》，第 34
　　　期（1990 年 6 月），頁 150～170。

一、以緯制禮

　　昔劉歆〈移書讓太常博士〉云：「往者綴學之士不思廢絕之闕，……至於國家將有大事，若立辟雍、封禪、巡狩之儀，則幽冥而莫知其原。」（《漢書·劉歆傳》；頁 1970）儒家學者莫知「辟雍、封禪、巡狩」之源，此一情況，至光武中興似仍如此。故光武封禪，其所依據者，實乃讖緯而非儒家經典。史載光武三十年，張純奏請宜封禪云：

> 自古受命而帝，治世之隆，必有封禪，以告成功焉。《樂動聲儀》曰：「以雅治人，風成於頌。」有周之盛，成康之閒，郊配封禪，皆可見也。《書》曰：「歲二月，東巡狩，至于岱宗，柴」，則封禪之義也。臣伏見陛下受中興之命，平海內之亂，修復祖宗，撫存萬姓，天下曠然，咸蒙更生，恩德雲行，惠澤雨施，黎元安寧，夷狄慕義。《詩》云：『受天之祜，四方來賀。』今攝提之歲，倉龍甲寅，德在東宮。宜及嘉時，遵唐帝之典，繼孝武之業，以二月東巡狩，封于岱宗，明中興，勒功勳，復祖統，報天神，禪梁父，祀地祇，傳祚子孫，萬世之基也。」（頁 1197）

今觀張純奏請封禪之語，其所引典籍有《樂動聲儀》、《書》、《詩》三種；緯書雖非惟一論據，然其說既援《樂緯》並以之與《書》、《詩》並列；圖讖與儒家經典具有等同之地位，於此亦可知其一二。後二年正月，光武夜讀《河圖會昌符》「赤劉之九，會命岱宗」之文，於是乃詔梁松等「復案索《河》《雒》讖文言九世封禪事者。」二月，光武行封禪泰山之禮，並刻石以記其事。惟觀封禪刻石所引典籍，其中有「《河圖赤伏符》、《河圖會昌符》、《河圖合古篇》、《河圖提劉予》、《雒書甄曜度》、《孝經鉤命決》」等六種（以上詳參《後漢書·祭祀志上》；頁 3163〜3166），而無一及於儒家經典。是光武所據以行封禪之禮者，實爲圖讖之說。除此之外，《後漢書·桓譚列傳》云：「其後有詔會議靈臺所處，帝謂譚曰：『吾欲〔以〕讖決之，何如？』」（頁 961）〈鄭興傳〉云：「帝嘗問興郊祀事，曰：『吾欲以讖斷之，何如？』」（頁 1223）是光武設靈臺、興郊祀，亦皆以圖讖爲根據。

　　至於明帝，《後漢書·明帝本紀》云：「（永平三年）秋八月戊辰，改大樂爲大予樂。」（頁 106）而其據以改定之基準，《後漢書·曹褒列傳》云：

> （褒）父充，持慶氏禮，建武中爲博士，從巡狩岱宗，定封禪禮，還，受詔議立七郊、三雍、大射、養老禮儀。顯宗即位，充上言：「漢再

受命，仍有封禪之事，而禮樂崩闕，不可爲後嗣法。五帝不相沿樂，
三王不相襲禮，大漢當自制禮，以示百世。」帝問：「制禮樂云何？」
充對曰：「《河圖括地象》曰：『有漢世禮樂文雅出。』《尚書琁機鈐》
曰：『有帝漢出，德洽作樂，名予。』」帝善之，下詔曰：「今且改太
樂官曰太予樂，歌詩曲操，以俟君子。」（頁1201）

如〈曹褒列傳〉所云，明帝詔改「大樂」爲「大予樂」，其所依據者，實爲《河
圖括地象》與《尚書琁機鈐》。此外，《東觀漢記》云：「秋八月，詔曰：『〈琁
璣鈐〉曰：「有帝漢出，德洽作樂，名予。」』會明帝改其名，郊廟樂曰太予
樂，正樂官曰太予樂官，以應圖讖。」（頁57）如《東觀漢記》所錄，則明帝依
〈璇璣鈐〉所改者，除「樂名」之外，尚有「樂官」。

二、援緯正經

如上所述，自光武宣布圖讖於天下後，圖讖之地位乃逐漸凌駕五經之上，
於是而有「言五經者，皆憑讖爲說」及「以讖記正五經異說」之情況。其後
章帝詔諸儒會白虎觀「講議五經同異」（《後漢書・章帝本紀》；頁138），並令班固撰集
其事，「作《白虎通德論》。」（《後漢書・班固列傳》；頁1373）因彼時圖讖正隆，且《白
虎通》所論又頗引圖讖之語，於是乃衍爲《白虎通》「援緯證經」之說。如莊
祖述云：

《白虎通義》雜論經傳。……《論語》、《孝經》、六藝並錄，傳以讖
記，援緯證經。自光武以〈赤伏符〉即位，其後靈臺郊祀，皆以讖
決之，風尚所趨然也。故是書之論郊祀、社稷、靈臺、明堂、封禪，
悉櫽括緯候，兼綜圖書，附世主之好，以繩道眞，違失六藝之本，
視石渠爲駁矣！〔註30〕

降及近代，學者更或以爲《白虎通》「全篇連牘均爲讖緯之言」〔註31〕、「百
分之九十的內容出于讖緯」〔註32〕、「《白虎通》對當時歧異的經義所作出的
訓釋或裁定，主要的理論根據、理論來源是緯書。」〔註33〕惟細覈《白虎通》
所引圖讖，諸家所論，似有推求太過之嫌。爲明其義，茲將《白虎通》所引
圖讖表列說明如下：

〔註30〕〔清〕莊祖述：〈白虎通義考〉，文見王利器：《白虎通疏證》，頁604～609。
〔註31〕林麗雪：〈白虎通與讖緯〉，《孔孟學報》，第22卷第3期（1983年11月），頁23。
〔註32〕侯外廬等著：《中國思想通史》（北京：人民出版社，1992年9月），頁229。
〔註33〕崔大華：《儒學引論》（北京：人民出版社，2001年9月），頁262。

篇名	所釋項目	所引緯書	頁數
爵	釋天子爵稱	〈援神契〉曰：天覆地載，謂之天子，上法斗極。	2
	釋天子爵稱	〈鉤命決〉曰：天子，爵稱也。	2
	釋天子爵稱	〈中候〉曰：天子臣放勛。	4
	釋制爵等第	〈含文嘉〉曰：殷爵三等，周爵五等。	6
	釋諸侯襲爵	〈中候〉曰：廢考，立發為太子。	30
號	釋帝王之號	〈鉤命決〉曰：三皇步，五帝趨，三王馳，五伯騖。	45
社稷	釋歲時之祭	〈援神契〉曰：仲春祈穀，仲秋獲禾，報社祭稷。	84
五行	釋五行之義	〈元命苞〉曰：土無位而道在，故大一不興化，人主不任部職。	168
誅伐	釋冬至休兵	《孝經讖》曰：夏至陰氣始動，冬至陽氣始萌。	218
	釋征伐之義	《春秋讖》曰：戰者，延改也。	223
諫諍	釋諫諍待放	〈援神契〉曰：三諫，待放復三年，盡惓惓也。	229
鄉射	釋射侯之義	〈含文嘉〉曰：天子射熊，諸侯射麋，士夫射虎豹，士射豕。	243
辟雍	釋入學尊師	《論語讖》曰：五帝立師，三王制之。	255
災變	釋災異譴告	〈援神契〉曰：行有點缺，氣逆干天，情感變出，以戒人也。	268
	釋災異妖孽	《春秋潛潭巴》曰：災之為言傷也，隨事而誅；異之為言怪也，先發感動之也。	268
	釋災異名義	《樂稽耀嘉》曰：禹將受位，天意大變，迅風靡木，雷雨晝冥。	269
三教	釋三教之義	《樂稽耀嘉》曰：顏回尚三教變，虞夏何如？	370
三綱六紀	釋綱紀之義	〈含文嘉〉曰：君為臣綱，父為子綱，夫為妻綱。	373
	釋綱紀之義	（〈含文嘉〉又曰：敬諸父兄，六紀道行，諸舅有義，族人有序，昆有親，師長有尊，朋友有舊。	374
性情	釋性情之義	〈鉤命決〉曰：情生于陰，欲以時念也。性生于陽，以就理也。陽氣者仁，陰氣者貪，故情有利欲，性有仁也。	381
	釋五性六情	《樂動聲儀》曰：官有六府，人有五藏。	382
	釋藏府主性情	〈元命苞〉曰：目者肝之使，肝者木之精，蒼龍之位也。……	386
姓名	釋氏之義	〈刑德放〉曰：堯知命，表稷、契，賜姓子、姬。皋陶典刑，不表姓，言天任德遠刑。	404 405

天地	釋天地之始	〈乾鑿度〉云：太初者，氣之始也。……	421
日月	釋日月右行	〈含文嘉〉曰：計日月右行也。	423
	釋日月右行	〈刑德放〉曰：日月東行。	423
	釋日月行遲速	〈感精符〉曰：三綱之義，日爲君，月爲臣也。	424
	釋日月之名	〈援神契〉曰：月三日而成魄，三月而成時。	425
	釋閏月之義	讖曰：閏者陽之餘。	428
崩薨	釋天子車舟殯	《禮稽命徵》曰：天子舟車殯何？爲避水火災也。	551
	釋墳墓之義	〈含文嘉〉曰：天子墳高三仞，樹以松。諸侯半之，樹以柏。大夫八尺，樹以欒。……	559
郊祀闕文	釋祭天之義	《易乾鑿度》云：三王之郊，一用夏正也。	561

如上表所列，《白虎通》引圖讖凡「三十二」次。〔註34〕其所釋範圍含攝爵、號、社稷等凡十六項。相較於《白虎通》引經約「五八二」次〔註35〕，彼時諸儒用以評議五經異同者，實仍以儒家經典爲主。雖然如此，今本《白虎通》所議與經學有關之項目凡四十有三，其中援圖讖以平其異同者計十六項（不含闕文），約佔總數37%。以此觀之，《白虎通》雖或無「特重」圖讖之現象，然彼時學者「講議五經同異」而援圖讖以平其議，圖讖具有輔經之功能，於此亦可略窺其要！

第四節　結　語

讖緯之興，其初本與經義無涉；學者所論，甚或鄙之爲方術之流。然光

〔註34〕案：林麗雪依陳槃《白虎通》引讖之四種方式——直稱篇目、稱傳、稱說、稱讖，考得《白虎通》徵引圖讖凡「四十」次。除上表所列外，又引「《傳》曰」五則、「《禮說》二則、「《春秋瑞應傳》」一則。（前引文，頁23）今案：《白虎通》所引「《傳》曰」之語，學界或以之爲讖緯之文者，殆本諸陳立《疏證》之說。然明章之際圖讖已凌駕於經傳之上，彼時學者援圖讖講論經義而名之曰「傳」，於理似有未合。又所謂「《禮說》」者，前引《禮記·月令》孔疏云：「凡鄭云『說』者，皆緯候也。時禁緯候，故轉『緯』爲『說』也。」以此觀之，以「說」稱「緯」，或當首出鄭玄。明章之際是否已有「轉『緯』爲『說』」之情況，實不無可疑。至於「《春秋瑞應傳》」，雖喬松年錄之以爲緯書之文（參本文第二章），然歷代史志、書目未見以此篇爲古緯之舊者，則此篇是否爲古緯所有，似仍有待斟酌。

〔註35〕案：學界所計，數字略有不同。詳參黃復山：《漢代尚書讖緯學述》，頁53～55。

武挾其帝王之尊，欽命「校定圖讖」且頒之於天下；圖讖與經學之關係乃愈趨緊密，進而取得與經典等同之地位。降及明章，不僅帝王據圖讖以定禮制；學者所論，更援之以正五經異說。圖讖發展至此，乃一躍而位居五經之上，成爲仲裁取義之法典。而安帝年間，朝廷「皆爲章句內學」，圖讖又一躍而爲官方學術之「正統」。儒者爭學圖緯，自此乃成一普遍之潮流；迄於漢末，其勢猶仍未衰。

至於讖緯所涉經說之內涵，整體而言，其義有三：

一、闡釋經旨

學者論「經」必先揭其「宗旨」，此乃先秦以降之通則。讖緯對於儒家經書旨要之理解，其說雖或有承襲前人之論者；然其新義，實亦所在多有：於《易》，讖緯首揭「易一名而含三義」之旨；於《詩》，讖緯另鑄「以『持』釋『詩』」之論；於《書》，讖緯別立「『書』爲『上帝之書』」之義；於《春秋》，讖緯另撰「據周史立新經」之說；於《孝經》，讖緯則賦予其「受命」之寓旨。其中「易一名而含三義」、「以『持』釋『詩』」、「以『書』爲『上帝之書』」等說法，更頗爲鄭玄及魏晉學者所採。讖緯影響於後世經說者，以此最爲顯著。

二、訓解經文

讖緯對於經文之解釋，主要有兩方面：一曰字義訓詁，二曰文義解釋。而其要旨，則以闡釋經典所蘊「天人相應」之理爲主軸；此一趨向，亦與兩漢今文經說相合。

三、發明義例

藉「條例」以說《春秋》，此乃兩漢春秋學之一大特色；讖緯於此，亦頗有引申發揮。其說含攝三科九旨、四部、五始、七等、七缺、八缺等層面，就兩漢《春秋》條例之學的發展而言，讖緯實居承先啓後之關鍵地位。

以上略述讖緯經學地位之演變、讖緯經說之主要內涵及其影響。惟現存緯書佚文大體斷簡殘篇，難以釐定其所釋經文爲何；故本章所論，亦僅鉤舉其要而已。其未盡者，盼來日能作更深入之探討。

第七章 結 論

　　在中國傳統學術中，讖緯之學雖曾一度位居五經之上，而爲東漢學者廣爲爭習。然自魏晉以降，其說卻屢遭歷代有國者禁毀，以致於相關文獻散佚殆盡，今已難窺全豹。其後雖有明清諸家之輯佚及近代學者之闡述，惟在讖緯之「名義」、「生成年代」及其「文本內容」等方面，歷來之說卻爭議不斷，鮮有定論。

　　一、就讖緯之名義而言

　　　　「讖」、「緯」究竟是各自獨立、抑或爲不容分割之整體，此乃歷來讖緯研究爭議最多的課題之一。今觀歷來所述，其說雖或有持「『讖』、『緯』相合而名之曰『讖緯』」者；惟此說所持論據皆有待商榷，並不足以證成此一論斷。職是之故，本文乃重新檢證相關史料，進而指出：所謂「讖緯」，乃取「讖」而名之曰「緯」之義；而此「讖」之所指，又實以光武所定「八十一卷圖讖」爲主體。

　　二、就讖緯之生成年代而言

　　　　歷來有關讖緯「起源」之論，其說或言之邈邈，難以徵信；或以偏概全，難盡其實；或但憑假託，難符其情。職是之故，本文乃轉從讖緯之「訴求重點（如「王者受命」）、「主要觀念（如「帝王感生」、「聖王異表」、「五德三統」與「祥瑞符命」等）」及「文本內容（八十一卷圖讖）」等角度切入，進而指出：讖緯之訴求重點與主要觀念皆「形成」於成、哀之際，是就理論傳承的角度而言，認爲讖緯「形成於西漢末年」，其實並無不可。然就「讖緯」與「經義」有關這點而言，考讖緯涉及經義之問題，其說乃始於光武初年「校定圖讖」之際；故嚴格而言，所謂

讖緯之「形成」，又當以光武所定「八十一卷圖讖」爲基準。

三、就讖緯之文本內容而言

歷來所見緯書篇目雖多；然可信之以爲古緯之舊者，殆僅後漢典籍曾見徵引、歷代書目紀錄較爲完整及唐人諸書所引數十篇而已。且此數十篇又皆以「三字」爲篇題，以此觀之，光武校定圖讖之時，當即以「三字」作爲擬定篇目之「體例」，故諸家所引乃得以如此整齊。

讖緯之基礎課題既明，本文第三章乃續以「讖緯氣化論之建構」爲題，進一步探討讖緯之哲學基礎及其相關問題。本文認爲，讖緯所賴以建構其思想體系者，實即先秦以來所漸次發展完成之「氣化宇宙論」。讖緯所論，就其同主宇宙「由無入有」、及藉氣之運化以言宇宙之生成演變而言，其說實不出前人所述之範圍。惟就氣化宇宙論之「發展」而言，讖緯之說實亦頗出新義。

一、概念之整合

讖緯將道家原本等同於「道」之「太初」、「太始」、「太素」等概念統攝於「太易」之下，進而將之整合成一用以說明宇宙起源之「概念序列」。衡諸先哲所論，此亦讖緯首出之新義。

二、結構之轉換

讖緯將先秦以來原本「天地在前、陰陽在後」之生成序列，重新塑造爲「陰陽在前，天地在後」之生成模式。就氣化宇宙論之發展而言，實亦深具理論意義。

三、系統之增益

讖緯在京房整合五行與八卦之基礎上，進而將八卦納入氣化之整體架構中；氣化宇宙論用以說明秩序結構之諸多概念，至此才臻於齊備。

依緯書作者之意，宇宙萬物既皆由氣之運化所生，且氣之運化又體現爲陰陽、四時、五行、八卦等各種不同之結構；故氣化所形成之有形世界，實亦內具相同之結構模式。天人之間具有同氣、同構之關係，此即天人相應之所以可能之基礎。天人之間既可相互感應，於是又衍爲「災異」及「感生」、「異表」、「祥瑞」、「符命」等與「王者受命」有關之論題；不僅如此，其對於經義之詮釋，亦同樣以推闡經書所蘊「天人之理」爲主軸。自第四章以下，本論文因分就「讖緯與災異」、「讖緯與王命」、「讖緯與經學」三方面，闡述

讖緯之主要內容。

一、「讖緯與災異」：災異之說，由來已久。在兩周，彼時用以說明異象與人事之關係者，即有「陰陽」、「五行」、「分野」與「洪範庶徵」、「月令禁忌」等各種不同之系統。然彼時並未抽繹出「災異」此一觀念，亦未以異象為上天之「譴告」。爰及漢初，董仲舒首揭「災異譴告」之旨，並援《春秋》以為論述災異之基礎。自此以降，災異之說即迅速席捲兩漢學術與政治之各個層面，成為漢儒議政之主軸與論學之核心。其後讖緯肇興，更是侈言災異。就兩漢災異詮釋學之發展而言，其義有三：

（一）就「災」、「異」之「名義」而言

讖緯於董生「災先異後」之外，另立「異先災後」之論；兩漢災異觀念之轉變，讖緯實居舉足輕重之角色。

（二）就經典基礎而言

於《易》，讖緯首次提出「漸」之觀點，用以解釋八卦與十二月相配所衍生之理論問題；八卦與十二月相配，至此才有一完整的對應形式。於《詩》，讖緯演繹《齊詩》之論，於「四始」、「五際」皆有闡述；《齊詩》有關災異之論，實賴讖緯而得以復見於世。於《書》，讖緯於〈洪範〉庶徵之外，又將星占系統納入其中；五行五事與星占之學的結合，其說殆或首見於此。

（三）就方法原則而言

於北斗分野，讖緯首將地上州國配屬北斗七星；北斗分野由簡而繁，讖緯實居承先啟後之地位。於十二次分野，倘現存緯書佚文於光武編定之初即已有之，則首將十二次與地上州國配屬為一者，其說或即源於讖緯。

二、「讖緯與王命」：兩漢有關王命來源之論述，其初本以「五德相勝」為義；昭、宣以後，由於「漢家堯後」觀念的出現、及劉向父子「閏統」說之建構；兩漢有關王命來源之解釋，自此乃改以「五德相生」為論據。降及東漢，讖緯之說應運而起。其說雖皆前有所承，然就兩漢王命論述之發展而言，讖緯所論亦有其特殊之地位：

（一）讖緯首次將「帝王感生」與「聖王異表」正式納入王命論述之領域，從「血緣正統性」與「出身神聖性」的角度，闡述帝王受命之要旨。

（二）自武帝太初改制兼採五德、三統之說以來，五德、三統雖有漸次
結合之跡象，然就實際運用之層面而言，論者所重視者，實爲五
德而非三統。其後劉向父子立「閏統」之說，其所根據者，依舊
還是五德系統。在同一論述架構下兼採五德、三統理論者，其說
殆首出於讖緯。

（三）與漢初以來相關說法不同的是，讖緯之說特重「神靈符記」於王
命論述中之地位；故屢屢強調王者受命除依「五德之運」外，還
必須與「錄次」相應；如此才能「同徵合符」，正式獲得受命之根
據。從後設的角度來說，讖緯之所以特別重視「神靈符記」，實亦
理之必然。蓋所謂「讖緯」，若純就「王者受命之徵驗」的角度立
義，則讖緯本身，實即「神靈符記」的表述形態之一。換言之，
讖緯之所以特重神靈符記，其目的乃在提昇讖緯之地位，以讖緯
作爲「決定王命歸屬」的最終層級，並爲光武受命尋求越超之天
命根據。

三、「讖緯與經學」：讖緯之興，其初本與經義無涉；其後光武宣布圖讖
於天下，圖讖至此乃取得官方法典之地位。降及明、章，圖讖日隆，於是而
有學者以讖記正五經異說。而安帝之時朝廷獨尊內學，圖讖至此乃取代儒家
經典，成爲官方學術之「正統」。於是學者日眾，一時蔚爲風尚。至於讖緯有
關經說之部份，主要包含三個層面：

（一）闡釋經旨

論「經」必首揭其「宗旨」，此乃先秦以來學者之通義。讖緯有關
經書要旨之闡發，其說雖或有本諸前人者，然其所謂「易一名而
含三義」及以「持」釋「詩」、以「書」爲「上帝之書」等，日後
皆爲鄭玄所採。

（二）訓解經文

讖緯對於經文之解釋，旨在闡釋經典所蘊「天人相應」之理；此
一趨向，與兩漢今文經說相合。

（三）發明義例

讖緯有關《春秋》條例之闡發，主要含攝三科九旨、四部、五始、
七等、七缺、八缺等層面；就兩漢春秋學之發展而言，讖緯實亦
有其特殊之歷史地位。

　　以上略述本文研究之所得，雖不敢謂已全面論及讖緯所涉諸多內容，然於讖緯名義之辨析、生成年代之考察、文本內容之釐定、理論基礎之闡釋，以及讖緯所涉王命、災異、經說等相關內涵之分述，相信亦有助於讖緯學說之理解。惟囿於學力所及，倘有思慮不周、論證不密之處，尚祈　學者方家不吝指正。

附錄一　歷代禁讖一覽表*

朝代	禁讖緯者	主要內容	出處
漢	張衡	宜收藏圖讖，一禁絕之。	後漢書張衡列傳 頁 1912
漢	*賈逵等	通儒賈逵、馬融、張衡、朱穆、崔寔、荀爽之徒，忿其若此，奏皆以爲虛妄不經，宜悉收藏之。	後漢紀陽嘉元年 頁 504
魏	曹操	科禁內學。	三國志注引魏略 頁 660
晉	晉武帝 司馬炎	禁星氣讖緯之學。	晉書武帝本紀 頁 56
後趙	石季龍	禁郡國不得私學星讖，敢有犯者誅。	晉書石季龍載記上 頁 2765
前秦	符堅	禁老、莊、圖讖之學。	晉書符堅載記上 頁 2897
劉宋	孝武帝 劉駿	大明中，始禁圖讖。	隋書經籍志 頁 941
梁	梁武帝 蕭衍	武帝禁畜讖緯。	南史阮孝緒傳 頁 1895
北魏	太武帝 拓跋燾	讖記、陰陽、圖緯、方伎之書……皆遣詣官曹，不得容匿。	魏書世祖本紀下 頁 97

---

* 本表所列，參鍾肇鵬：《讖緯論略》，頁 32～33：惟該書所錄僅述其要，本表則檢核諸說原文，錄之以供參考。又，表中加註「＊」號者，爲本文所增。今案：上表所列，基本上可以分成三個不同層次：一、僅提供建議者：如張衡、賈逵、歐陽修、魏了翁、趙儆等。二、但禁「私家收藏」者：如楊堅、唐高宗、唐代宗、後周太祖、宋眞宗、元世祖、元泰定帝等。三、禁毀圖讖者：除上述所列外，餘均屬之。事實上，這三個層次有明顯的不同。建議禁毀圖讖者，未必獲得統治者的認同（如張衡、賈逵之說並未獲採納）；而歐陽修所議，更是未獲施行。（詳下引王禕《青巖叢錄》）是此類建議實與「禁毀」無關。而禁（毀）私家收藏，意在獨佔圖讖解釋之權，於「官方」所收圖讖是否一概禁絕，實亦不無疑問。

北魏	孝文帝 拓跋宏	圖讖、祕緯及名爲《孔子閉房記》者，一皆焚之。	魏書高祖紀上 頁 155
北魏	孝文帝 拓跋宏	詔禁圖讖秘緯及名《孔子閉房記》，留者以大辟論。	北史魏本紀 頁 100
隋	文帝 楊堅	制私家不得隱藏緯候圖讖。	隋書高祖紀上 頁 38
隋	煬帝 楊廣	搜天下書籍與讖緯相涉者，皆焚之。	隋書經籍志 頁 941
唐	高宗 李治	天文圖書、讖書，……私家不得有；……其緯候及論語讖，不在禁限。	唐律疏議卷 9 頁 214
唐	代宗 李豫	天文圖書，……私家不合輒有。今後天下諸州府，切宜切斷。	舊唐書代宗本紀 頁 285～286
後周	太祖 郭威	天文圖書讖記，……私家不得有及衷私傳習，有者並須焚毀。	五代會要卷 11 頁 186
宋	眞宗 趙恒	詔：民間天象器物讖候禁書，並納所司焚之，匿不言者死。	宋史眞宗本紀 頁 123
宋	歐陽修	悉取九經之疏，刪去讖緯之文。	論刪去九經正義中讖緯箚子〔註1〕
宋	魏了翁	王禕云：「孔穎達作《九經正義》，往往引緯書之說。宋歐陽公嘗欲刪去之，以絕僞妄；使學者不爲其所亂惑，然後經義純一。其言不果行。迨鶴山魏氏作《九經要義》，始加黜削，而其言絕焉。」〔註2〕	
元	世祖 忽必烈	禁鷹坊擾民及陰陽圖讖等書。	元史世祖本紀 頁 147
		括天下私藏天文圖讖，……有私習及收匿者罪之。	元史世祖本紀 頁 266
元	＊泰定帝	申禁圖讖，私藏不獻者罪之。	元史泰定帝本紀 頁 662
明	趙俶	請頒正定十三經於天下，屏戰國策及陰陽讖卜諸書，勿列學宮。	明史趙俶列傳 頁 3955

〔註1〕 〔宋〕歐陽修撰；李逸安點校：《歐陽修全集》（北京：中華書局，2001 年 3 月），卷 112，頁 1077。

〔註2〕 〔明〕王禕撰：《青巖叢錄》，收入：《筆記小說大觀》（臺北：新興書局，1989 年 1 月），六編，頁 2993。《四庫全書總目》則引王禕《雜說》云：「孔穎達作《九經正義》，往往援引緯書之說。歐陽公嘗欲刪而去之，其言不果行。迨鶴山魏氏作《要義》，始加點削，而其言絕焉。」（頁 28）

附錄二　歷來所見緯書篇目一覽表

說明

一、本表所列緯書篇目，主要以中村璋八〈現存緯書篇目一覽表〉爲參
　　考基準；該表未錄者，則依明清諸家輯本所錄及近代學者所論，依
　　類列補。主要參考書目如下：

（一）《說郛》　〔明〕陶宗儀輯。

（二）《古微書》　〔明〕孫瑴輯。

（三）《緯書》＊　〔清〕殷元正輯。

（四）《七緯》　〔清〕趙在翰輯。

（五）《諸經緯遺》　〔清〕劉學寵輯。表中省稱「《緯遺》」。

（六）《七緯拾遺》　〔清〕顧觀光輯。表中省稱「《拾遺》」。

（七）《玉函山房輯佚書》　〔清〕馬國翰輯。表中省稱「《玉函》」。

（八）《緯攟》　〔清〕喬松年輯。

（九）《通緯》　〔清〕黃奭輯。

（十）《玉函山房輯佚書續編》　〔清〕王仁俊輯。表中省稱「《續編》」。

　　　　　以上均據上海古籍出版社編：《緯書集成》（上海：上海古籍出版社，1994 年 6 月）。

（十一）《經義考》　〔清〕朱彝尊撰。

（十二）《緯書集成》　〔日〕安居香山、中村璋八輯。

（十三）《古讖緯研討及其書錄解題》　陳槃撰。表中省稱「《古讖緯研
　　　　討》」。

＊ 此書學界通稱「《集緯》」，爲免混淆，下表所列，亦以《集緯》稱之。又，上海古
　籍出版社所據上海圖書館所藏寫本，《春秋緯》列目廿四種，實際所見僅兩種；且
　全編無《孝經緯》與《論語緯》。下表所列，另據陸明睿增訂：《緯讖候圖校輯》（北
　京：書目文獻出版社，1998 年 2 月，《北京圖書館古籍珍本叢刊》本）增補。

二、本表所列篇目序次，總目部份以中村璋八〈現存緯書篇目一覽表〉
爲準；篇目部份則視實際需要略作調整，與中村所列，未必全同。

三、本表所列篇目名稱，以中村璋八〈現存緯書篇目一覽表〉所錄爲準；
該表未錄，則依說明一所列參考書目之載錄爲準。又，各家輯本所題
篇目或有不同，此一不同若僅止於形式上之異稱者，則附列於中村璋
八〈現存緯書篇目一覽表〉所題篇目之後，並加方框以示區別；若各
家輯本所題篇目不同且分而輯之，則俱列各家所題篇目，以資查證。

四、本表所列篇目出處，於《緯書集成》（安居、中村輯本）已言之甚詳，本
無需贅舉；然爲彰顯緯書篇目之流衍情況，本表所列，主要以兩漢
典籍曾見徵引（若同一典籍徵引次數眾多者，則但舉其一，以觀其要）、歷代
史志（或書目）曾見著錄（以唐、宋以前之資料爲主）、及《後漢書·方術
列傳》李賢注所引篇目爲主，餘則但舉其要。至於原書未見者，則
但錄出於某家所輯或見於某家所論，以備查考。又，表中所引古籍，
凡正文中已見徵引者，但注頁碼於書名之後，以省繁複。

五、緯書篇目來源複雜，本表所列若有疏漏，尚祈　學者方家不吝賜正。

一◆易緯

序次	篇目名稱	著錄	卷帙	注者	備注
一	易緯	七錄 940	九卷	鄭注	諸書有泛引《易緯》而不稱篇名者，殷元正、黃奭、喬松年、顧觀光、安居香山等總彙爲一輯，分別題爲：《易緯》、《易緯》、《泛引易緯》、《易緯附錄》、《易緯》。
		隋書經籍志 940	八卷	鄭注	
		日本國見在書目錄 374	十卷	鄭注	
		舊唐書經籍志	九卷	宋注	
		新唐書藝文志	九卷	宋注	
		邯鄲書目〔註1〕	九卷		
		崇文總目〔註2〕	九卷	宋注	
		遂初堂書目〔註3〕			
		直齋書錄解題〔註4〕	七卷	鄭注	
		宋史藝文志 5041	七卷	鄭注	

〔註1〕 〔宋〕李淑《邯鄲書目》，今佚。本表所列，轉引自王應麟：《玉海》，頁715。下同。
〔註2〕 〔宋〕王堯臣、歐陽修等編次、錢東垣等輯釋：《崇文總目》（臺北：臺灣商務印書館，1967年3月），頁2。
〔註3〕 〔宋〕尤袤：《遂初堂書目》（北京：中華書局，1987年，《叢書集成初編》本），頁1。
〔註4〕 〔宋〕陳振孫：《直齋書錄解題》（京都：中文出版社，1978年7月），頁469。

序次	篇目名稱	著錄及徵引	卷帙	注者	明清輯本舉要										
					說郛	古微書	集緯	七緯	緯遺	拾遺	玉函	通緯	緯攟	續編	經義考
001	乾鑿度	白虎通天地篇 421			◎		◎	◎		◎		◎	◎		◎
		後漢書律曆志 3035													
		後漢書方術列傳注 2721													
		邯鄲書目 715	二卷												
		崇文總目 2	二卷												
		郡齋讀書志〔註5〕	二卷	鄭注											
		玉海 715	二卷												
		通志藝文略 756	二卷	鄭注											
		直齋書錄解題 469	二卷	鄭注											
		文獻通考 1605	二卷	鄭注											
		宋史藝文志 5041	三卷	鄭注											
		四庫總目 79	二卷												
002	乾坤鑿度	郡齋讀書志 81	二卷					◎				◎	◎		◎
		通志藝文略 761	二卷												
		直齋書錄解題 469	二卷												
		文獻通考 1605	二卷												
		四庫總目 69	二卷												
003	易通卦驗	後漢書方術列傳注 2721			◎	◎	◎	◎	◎	◎			◎		◎
		邯鄲書目 715	二卷												
		郡齋讀書志 81	二卷	鄭注											
		直齋書錄解題 469	二卷	鄭注											
		玉海 715	二卷												
		文獻通考 1605	二卷	鄭注											
		宋史藝文志 5041	二卷												
		四庫總目 71	二卷												

〔註5〕　〔宋〕晁公武：《郡齋讀書志》（京都：中文出版社，1978 年 7 月），頁81。

編號	書名	出處	卷數	鄭注								
004	易稽覽圖	北史王劭傳 1295										
		北齊書宋景業傳 675										
		後漢書方術列傳注 2721										
		邯鄲書目 715	二卷		◎	◎	◎	◎	◎		◎	◎
		郡齋讀書志 81	二卷	鄭注								
		通志藝文略 756	七卷	鄭注								
		直齋書錄解題 469	三卷									
		玉海 715	一卷									
		文獻通考 1605	二卷	鄭注								
			三卷	鄭注								
		宋史藝文志 5041	一卷									
		四庫總目 70	二卷	鄭注								
005	易是類謀 易筮類謀	後漢書方術列傳注 2721			◎	◎	◎	◎		◎	◎	◎
		邯鄲書目 715	一卷									
		郡齋讀書志 81	一卷	鄭注								
		文獻通考 1605	一卷	鄭注								
		四庫總目 71	一卷	鄭注								
006	易辨終備 易辯終備	後漢書方術列傳注 2721			◎	◎	◎	◎		◎		◎
		邯鄲書目 715	一卷									
		郡齋讀書志 81	一卷	鄭注								
		文獻通考 1605	一卷	鄭注								
		四庫總目 71	一卷	鄭注								
007	易坤靈圖	北史王劭傳 1293			◎	◎	◎	◎	◎	◎		◎
		後漢書方術列傳注 2721										
		邯鄲書目 715	一卷									
		郡齋讀書志 81	一卷	鄭注								
		文獻通考 1605	一卷	鄭注								
		四庫總目 70	一卷	鄭注								

編號	篇名	出處	卷	注								
008	乾元序制記	郡齋讀書志 81	一卷	鄭注								
		文獻通考 1605	一卷	鄭注		◎	◎		◎			◎
		四庫總目 70	一卷	鄭注								
009	易傳	後漢書郎顗列傳 1059										
010	易內傳	後漢書郎顗列傳 1054								◎		
011	易內篇	緯攟 1416								◎		
012	易中孚傳	後漢書郎顗列傳 1058			◎					◎		
013	易九厄讖	漢書律曆志 984			◎	◎			◎			◎
014	易天人應	後漢書郎顗列傳 1054				◎				◎		
015	易大傳	漢書郊祀志 1258										
016	易傳太初篇	蔡邕明堂論 902								◎		◎
		後漢書祭祀志注 3179										
017	易通統圖	隋書經籍志 1306	二卷 一卷		◎			◎	◎	◎		◎
018	易通流圖	資料集成 82										
019	易卦氣圖	經義考 1330										◎
020	易神靈圖	續編 2043									◎	
021	易統驗玄圖	太平御覽 4556			◎							
022	易通卦驗玄圖	通緯 1619							◎			
023	易統通卦驗玄圖	顏氏家訓 337										
024	易流演通卦驗	玉海 715	一卷									
		宋史藝文志 5041										
025	易運期	魏書文帝紀注 65			◎	◎		◎		◎		◎
		宋書符瑞志 778										
026	易萌氣樞	晉書五行志 890			◎	◎		◎	◎	◎		◎
027	易河圖數	古微書 243			◎							
028	易內戒	抱朴子微旨篇 125										◎
029	易狀圖	歷代名畫記 152	一卷									◎

030	易雄雌祕歷	後漢書郎顗列傳 1065																
031	易禮觀書	緯書集成 325																
032	易緯緯記	緯書集成 326																
033	易緯紀表	緯書集成 327																
034	易決象	緯書集成 328																
035	易通系	古讖緯研討 534																
036	易通統軌圖	新唐書曆志 599																
		古讖緯研討 534																
037	易緯河圖	古讖緯研討 536																
038	易緯河圖符	古讖緯研討 537																
039	易緯河圖災異占	古讖緯研討 537																
040	京氏易緯災異占	古讖緯研討 537																
041	京房易緯	古讖緯研討 537																
042	京房易鈔	通志藝文略 756	一卷															
043	易說	古讖緯研討 534																
044	易讖	拾遺 1073						◎										
045	易經備	續編 2043												◎				
046	易中備	拾遺 1073						◎										
047	垂皇策	乾坤鑿度																◎
048	萬形經	乾坤鑿度																◎
049	乾文緯	乾坤鑿度																◎
050	易考靈緯	乾坤鑿度																◎
051	易制靈圖	乾坤鑿度																◎
052	易含文嘉	乾坤鑿度																◎
053	易稽命圖	乾坤鑿度																◎
054	易含靈孕	乾坤鑿度																◎
055	易八墳文	乾坤鑿度鄭注																◎
056	墳文	乾坤鑿度																
057	易元命包	乾坤鑿度																◎
058	易歷	乾坤鑿度																◎

059	元皇介	乾坤鑿度				
060	天潢篇	乾坤鑿度				
061	地靈母經	乾坤鑿度				
062	希夷名	乾坤鑿度				
063	八文大箍	乾坤鑿度				
064	萬名經	乾坤鑿度				
065	易靈緯	乾坤鑿度				
066	軒轅本經	乾坤鑿度				
067	制靈經	乾坤鑿度				
068	考靈經	乾坤鑿度				
069	著成經	乾坤鑿度鄭注				
070	地形經	乾坤鑿度鄭注				
071	爐灰經	乾坤鑿度鄭注				
072	鉤命決	乾坤鑿度鄭注				
073	洞極	古讖緯研討 536				

二◆尚書緯

序次	篇目名稱	著錄	卷帙	注者	備注
二	尚書緯	七錄 940	六卷		諸書有泛引《尚書緯》而不稱篇名者，趙在翰、殷元正、黃奭、喬松年、安居香山等總彙爲一集，而分別題爲《尚書緯附錄附補遺》、《尚書緯》、《尚書緯》、《泛引尚書緯》、《尚書緯》。
		隋書經籍志 940	三卷	鄭注	
		舊唐書經籍志 1982	三卷	鄭注	
		新唐書藝文志 1445	三卷	鄭注	
		通志藝文略 757	三卷	鄭注	

序次	篇目名稱	著錄及徵引	卷帙	注者	明清輯本舉要									
					說郛	古微書	集緯	七緯	緯遺	拾遺	玉函	通緯	緯攟	續編	經義考
074	尚書考靈曜 尚書考靈耀	後漢書律曆志 3027			◎	◎	◎	◎		◎			◎	◎	◎
		後漢書方術列傳注 2721													

075	尚書帝命驗 尚書命令驗 尚書帝命期	後漢書曹褒列傳 1202													
		後漢書方術列傳注 2721			◎	◎	◎	◎	◎		◎	◎	◎	◎	◎
076	尚書璇璣鈐	後漢書律曆志 3026			◎	◎	◎	◎	◎		◎	◎			◎
		後漢書方術列傳注 2721													
077	尚書刑德放 尚書刑德倣	白虎通姓名篇 404			◎	◎	◎	◎	◎		◎	◎	◎		◎
		後漢書方術列傳注 2721													
078	尚書運期授	後漢書方術列傳注 2721				◎	◎	◎			◎	◎	◎		◎
079	尚書帝驗期	太平御覽 3081				◎						◎	◎		
080	尚書鉤命決	經義考 1338													◎
081	尚書洛罪級	經義考 1338													◎
082	尚書五行傳	古微書 69				◎									
083	尚書洪範記	後漢書郎顗列傳 1073										◎			
084	洪範緯	古微書 176				◎									

三◆尚書中候

序次	篇目名稱	著錄	卷帙	注者	備註
三	尚書中候	七錄 940	八卷		明清諸家，黃奭、馬國翰所輯總題為《尚書中候》；其餘諸家則分篇輯之，不知篇名者則彙為一集，亦題為《尚書中候》。
		隋書經籍志 940	五卷	鄭注	
		通志藝文略 757	五卷	鄭注	

序次	篇目名稱	著錄及徵引	卷帙	注者	明清輯本舉要									
					說郛	古微書	集緯	七緯	緯遺	拾遺	玉函	通緯	緯攟	續編	經義考
085	中候握河紀 中候握河矩 中候握河記	禮曲禮疏 16				◎	◎		◎	◎		◎			◎

編號	篇名	出處									
086	中候我應　中候我應瑞　中候我應篇	公羊傳疏 9		◎		◎	◎		◎		◎
087	中候洛豫命　中候洛予命	禮曲禮疏 79	◎	◎		◎	◎		◎		◎
088	中候洛師謀	詩大雅文王疏 532		◎		◎	◎				◎
089	中候摘洛戒	古微書 175	◎			◎					◎
090	中候摘洛貳	詩小雅十月之交疏 405	◎						◎		
091	中候摘洛戒	玉函山房輯佚書 1202		◎		◎					
092	中候儀明　中候義明　中候儀明篇	南齊書符瑞志 350	◎	◎		◎	◎		◎		◎
093	中候考河命	後漢書曹褒列傳注引宋均語 1204	◎	◎		◎	◎				◎
094	中候題期	後漢書曹褒列傳注引宋均語 1204				◎	◎				◎
095	中候立象	後漢書曹褒列傳注引宋均語 1204				◎	◎				◎
096	中候敕省圖	禮曲禮疏 16	◎	◎		◎	◎		◎		◎
097	中候稷起	詩大雅生民疏 587	◎	◎		◎	◎		◎		◎
098	中候準纖哲	禮曲禮疏 17	◎	◎		◎	◎		◎		◎
099	中候合符后	詩大雅棫樸疏 556		◎					◎		
100	中候運衡　中候運行　中候運衡篇	禮曲禮疏 17	◎	◎		◎	◎		◎		◎
101	中候契握	禮月令疏 299		◎		◎	◎		◎		◎
102	中候苗興	詩大雅生民疏 589		◎		◎	◎		◎		
103	中候霸免	詩國風甫田疏 197				◎	◎				
104	中候覬期	詩國風秦譜疏 232		◎		◎	◎				
105	中候日角	玉函山房輯佚書 1197					◎				
106	中候亶甫	玉函山房輯佚書 1199					◎				
107	中候赤雀命	詩大雅皇矣疏 532		◎					◎	◎	

108	中候雜篇	古微書 106			◎			◎			
		緯書集成 455～456									

四◆詩緯

序次	篇目名稱	著錄	卷帙	注者	備注
四	詩緯	七錄 940	十卷		諸書有泛引《詩緯》而不稱篇名者，趙在翰、殷元正、黃奭、喬松年、王仁俊、顧觀光、安居香山等總彙爲一輯，而分別題爲：《詩緯附錄附補遺》、《詩緯》、《詩緯》、《泛引詩緯》、《詩緯》、《詩讖附錄》、《詩緯》。
		隋書經籍志 940	十八卷	宋注	
		舊唐書經籍志 1982	三卷	鄭注	
			十卷	宋注	
		新唐書藝文志 1444、1445	三卷	鄭注	
			十卷	宋注	
		日本國見在書目錄 374	十卷	宋注	
		通志藝文略 758	十八卷	宋注	

序次	篇目名稱	著錄及徵引	卷帙	注者	明清輯本舉要										
					說郛	古微書	集緯	七緯	緯遺	拾遺	玉函	通緯	緯攟	續編	經義考
109	詩含神霧	後漢書方術列傳注 2721			◎	◎	◎	◎	◎		◎	◎	◎	◎	◎
110	詩推度災	後漢書方術列傳注 2721				◎	◎	◎	◎		◎	◎	◎	◎	◎
		宋書禮志 329													
111	詩汜歷樞 詩紀歷樞 詩氾歷樞 詩紀歷圖	後漢書郎顗列傳 1065			◎	◎	◎	◎	◎		◎	◎	◎	◎	◎
		後漢書方術列傳注 2721													
112	詩含文侯	集緯 751				◎									
113	詩緯圖	歷代名畫記 146	一卷												◎
114	詩讖	後漢書張衡列傳 1912				◎				◎					

五◆禮緯

序次	篇目名稱	著錄	卷帙	注者	備注
五	禮緯	隋書經籍志 940	三卷	鄭注	諸書有泛引《禮緯》而不稱篇名者，趙在翰、殷元正、黃奭、喬松年、安居香山等總彙爲一集，而分別題爲：《禮緯附錄附補遺》、《禮緯》、《禮緯》、《泛引禮緯》、《禮緯》。
		舊唐書經籍志 1982	三卷	宋注	
		新唐書藝文志 1445	三卷	宋注	
		日本國見在書目錄 374	三卷	鄭注	
		通志藝文略 764	三卷	鄭注	

序次	篇目名稱	著錄及徵引	卷帙	注者	明清輯本舉要									
					說郛	古微書	集緯	七緯	緯遺	拾遺	玉函	通緯	緯攟	續編	經義考
115	禮含文嘉	白虎通爵篇 6			◎	◎	◎	◎	◎		◎	◎	◎	◎	◎
		後漢書方術列傳注 2721													
116	禮稽命徵	白虎通崩薨篇 551			◎	◎	◎	◎	◎		◎	◎	◎	◎	◎
		後漢書方術列傳注 2721													
117	禮斗威儀	後漢書方術列傳注 2721			◎	◎	◎	◎	◎		◎		◎	◎	◎
118	禮稽命曜	太平御覽 2525													◎
119	禮元命包	經義考引通典 1341				◎									
120	禮瑞命記	經義考引論衡 1341													◎
121	禮記默房	七錄 940	三卷	鄭注											◎
		隋書經籍志 940	二卷	宋注											
		通志藝文略 764	二卷	宋注											
122	禮瑞應圖	古讖緯研討 301													
123	大戴逸禮	緯遺 1058								◎					
124	禮讖	集緯 628				◎									

六◆樂緯

序次	篇目名稱	著錄	卷帙	注者	備註
六	樂緯	隋書經籍志 940	三卷	宋注	諸書有泛引《樂緯》而不稱篇名者，趙在翰、殷元正、黃奭、喬松年、王仁俊、安居香山等總彙爲一輯，而分別題爲：《樂緯附錄附補遺》、《樂緯》、《樂緯》、《泛引樂緯》、《樂緯》、《樂緯》。
		舊唐書經籍志 1982	三卷	宋注	
		新唐書藝文志 1445	三卷	宋注	
		日本國見在書目錄 374	三卷	宋注	
		通志藝文略 767	三卷	宋注	

序次	篇目名稱	著錄及徵引	卷帙	注者	明清輯本舉要										
					說郛	古微書	集緯	七緯	緯遺	拾遺	玉函	通緯	緯攟	續編	經義考
125	樂動聲儀	白虎通性情篇 382 / 後漢書方術列傳注 2721		鄭注〔註6〕		◎	◎	◎			◎	◎	◎	◎	◎
126	樂稽耀嘉	白虎通災變篇 269 / 後漢書方術列傳注 2721			◎	◎	◎	◎	◎		◎	◎			◎
127	樂叶圖徵 樂協圖徵	後漢書方術列傳注 2721		鄭注	◎	◎	◎			◎	◎	◎	◎	◎	
128	樂五鳥圖	七錄 940	一卷												◎

〔註6〕 案：《樂緯》注者，歷代史志均題「宋均注」；然《太平御覽》卷1引鄭玄《樂動聲儀注》、卷6又引《樂叶圖徵注》，以此觀之，《樂緯》當有鄭玄注。惟其說久佚，今已莫究其詳。

七◆春秋緯

序次	篇目名稱	著錄	卷帙	注者	備註
七	春秋緯	七錄 940	三十卷	宋注	諸書有泛引《春秋緯》而不稱篇名者，陶宗儀、趙在翰、黃奭、喬松年、王仁俊、顧觀光、安居香山等總彙爲一輯，而分別題爲：《春秋緯》、《春秋緯附錄附補遺》、《春秋緯》、《泛引春秋緯》、《春秋緯》、《春秋讖附錄》、《春秋緯》。
		日本國見在書目錄 374	三十卷	宋注	
		舊唐書經籍志 1982	卅八卷	宋注	
		新唐書藝文志 1445	卅八卷	宋注	
		通志藝文略 760	三十卷	宋注	

序次	篇目名稱	著錄及徵引	卷帙	注者	明清輯本舉要										
					說郛	古微書	集緯	七緯	緯遺	拾遺	玉函	通緯	緯攟	續編	經義考
129	春秋演孔圖 春秋孔演圖	後漢書五行志 3352			◎	◎	◎	◎	◎		◎	◎	◎	◎	◎
		後漢書方術列傳注 2721													
130	春秋元命包 春秋元命苞	後漢書張衡列傳 1912			◎	◎	◎	◎	◎		◎	◎	◎	◎	◎
		白虎通五行篇 169													
		後漢書方術列傳注 2721													
131	春秋文曜鉤	後漢書律曆志 3037			◎	◎	◎	◎	◎		◎	◎	◎	◎	◎
		後漢書方術列傳注 2721													
132	春秋運斗樞	後漢書律曆志 3037			◎	◎	◎	◎	◎		◎	◎	◎	◎	◎
		後漢書方術列傳注 2721													
133	春秋感精符	白虎通日月篇 424			◎	◎	◎	◎	◎		◎	◎	◎	◎	◎
		後漢書律曆志 3035													
		後漢書方術列傳注 2721													

134	春秋合誠圖	後漢書方術列傳注 2721		◎	◎	◎	◎	◎		◎	◎	◎	◎	◎
135	春秋合讖圖	續編 2056											◎	
136	春秋考異郵 春秋考異	後漢書方術列傳注 2721		◎	◎		◎			◎		◎	◎	◎
137	春秋考異圖	續編 2057											◎	
138	春秋保乾圖	後漢書陳寵列傳 1554 / 後漢書方術列傳注 2721				◎		◎			◎	◎	◎	◎
139	春秋寶乾圖	古書拾遺 34												
140	春秋漢含孳 春秋漢含	後漢書方術列傳注 2721		◎	◎		◎			◎		◎		◎
141	春秋佐助期	後漢書方術列傳注 2721		◎	◎		◎	◎		◎	◎	◎	◎	◎
142	春秋握誠圖 春秋握成圖	後漢書方術列傳注 2722				◎		◎		◎	◎	◎		◎
143	春秋潛潭巴	後漢書五行志 3275 / 白虎通災變篇 268 / 後漢書方術列傳注 2722		◎	◎		◎	◎		◎	◎	◎		◎
144	春秋說題辭 春秋說題	後漢書方術列傳注 2722		◎	◎	◎	◎	◎		◎	◎	◎	◎	◎
145	春秋命歷序	後漢書楊厚列傳注 1409				◎	◎			◎	◎	◎	◎	◎
146	春秋內事	後漢書張衡列傳注 1903 / 七錄 940 四卷 / 通志藝文略 760 六卷				◎	◎			◎	◎	◎		◎
147	春秋錄圖	文選注 2059				◎				◎			◎	◎
148	春秋錄運法	緯攟 1483											◎	
149	春秋孔錄法	文選注 2368				◎				◎		◎	◎	◎
150	春秋璇璣樞	儀禮有司徹疏 601				◎							◎	

#	篇目	出處	卷數						
151	春秋撰命篇	公羊傳疏 357			◎		◎		◎
152	春秋河圖挻命篇	文選注 2264			◎	◎	◎		
153	春秋瑞應傳	白虎通三正篇 361					◎		
154	春秋玉版 春秋玉版讖	魏書文帝紀注 64			◎		◎	◎	◎
		宋書符瑞志 778							
155	春秋考曜文	藝文類聚 198							◎
156	春秋考靈曜	淵鑑類涵 2			◎				
157	春秋包命訣 春秋鈎命訣	經義考引路史注 1364			◎				◎
158	春秋包命	七錄 940	二卷						◎
		通志藝文略 760	二卷						
159	春秋含文嘉	白虎通崩薨篇 539			◎				◎
160	春秋括地象	經義考 1346							◎
161	春秋文義	白虎通社稷篇 91							◎
162	春秋祕事	七錄 940	十一卷						◎
		通志藝文略 760	十一卷						
163	春秋少陽篇	論語公冶長疏 45				◎			◎
164	春秋聖洽符	集緯 603			◎				
165	春秋感應圖	淵鑑類函 953			◎				
166	春秋災異	隋書經籍志 940	十五卷						◎
		通志藝文略 760	十五卷						
167	春秋災異應錄	通志藝文略 760	五卷						
168	春秋符	說郛 131		◎					
169	春秋圖	歷代名畫記 146	一卷			◎			
170	春秋甄燿度	周禮典同疏 360			◎				
171	春秋說命徵	續編 2061						◎	

| 172 | 五帝鉤命決圖 | 七錄 940 | 一卷 | | | | | | | | |
| 173 | 春秋讖 | 拾遺 1082 | | | | | | | ◎ | | |

八◆孝經讖（緯）

序次	篇目名稱	著錄	卷帙	注者	備注
八	孝經雜緯	七錄 940	十卷	宋注	諸書有泛引《孝經緯》而不稱篇名者，陶宗儀、趙在翰、黃奭、喬松年、顧觀光、安居香山等總彙爲一輯，而分別題爲：《孝經緯》、《孝經緯附錄附補遺》、《孝經》、《泛引孝經緯》、《孝經讖附錄》、《孝經緯》。
		通志藝文略 761	十卷	宋注	
		國史經籍志 37	十卷	宋注	
	孝經緯	舊唐書經籍志 1982	五卷	宋注	
		新唐書藝文志 1445	五卷	宋注	
		通志藝文略 761	五卷	宋注	

序次	篇目名稱	著錄及徵引	卷帙	注者	明清輯本舉要										
					說郛	古微書	集緯	七緯	緯遺	拾遺	玉函	通緯	緯攟	續編	經義考
174	孝經援神契 孝經援神挈	白虎通爵篇 2			◎	◎	◎	◎	◎		◎	◎	◎	◎	
		後漢書祭祀志 3200													
		後漢書方術列傳注 2721													
		隋書經籍志 940	七卷	宋注											
		日本國見在書目錄 374	七卷	宋注											
		通志藝文略 761	七卷	宋注											
175	孝經援神契音隱	日本國見在書目錄 374	一卷												◎
176	援神句命解詁	後漢書翟方進列傳 1606	十二篇												◎
177	孝經古祕援神	七錄 940	二卷												◎
		通志藝文略 761	二卷												
178	孝經古祕圖	七錄 940	一卷												◎

序號	篇名	出處	卷數	備註	1	2	3	4	5	6	7	8	9	10	11	12
179	孝經古祕	通緯 1389										◎	◎	◎		
180	孝經中契	七錄 940	一卷				◎	◎				◎	◎	◎	◎	◎
181	孝經左契	太平御覽 130					◎	◎	◎			◎	◎	◎	◎	◎
182	孝經右契	太平御覽 2586					◎	◎	◎			◎	◎	◎	◎	
183	孝經左右契圖	七錄 940	一卷													◎
184	孝經契	通緯 1991												◎		
185	孝經鉤命決／孝經鉤命訣／孝經句命決	白虎通爵篇 2														
		後漢書郎顗列傳 1073														
		後漢書方術列傳注 2721			◎	◎	◎	◎	◎		◎	◎	◎	◎	◎	
		隋書經籍志 940	六卷	宋注												
		日本國見在書目錄 374	六卷	宋注												
		通志藝文略 761	六卷	宋注												
186	鉤命決音隱	中國にねける緯書資料 283														
187	孝經內事	隋書經籍志 940	一卷		◎			◎			◎	◎		◎		◎
		日本國見在書目錄 374	一卷													
		通志藝文略 761	一卷													
188	孝經內記	隋書經籍志 1020											◎			
189	孝經內事圖	七錄 940	二卷				◎						◎			◎
190	孝經內記圖	通緯 2027												◎		
191	孝經內事星宿講堂七十二弟子圖	七錄 940	一卷													◎
		通志藝文略 761	一卷													
192	孝經內記星圖	新唐書藝文志 1544	一卷													◎
193	孝經河圖	太平御覽 4401						◎					◎		◎	◎
194	孝經中黃／孝經中黃讖	魏書文帝紀 64						◎								
		宋書符瑞志 778												◎	◎	◎
195	孝經威嬉拒	太平御覽 1766					◎							◎	◎	◎

編號	書名	出處	卷數	撰者										
196	孝經雌雄圖	七錄 940	三卷				◎		◎	◎	◎			◎
		日本國見在書目錄 374	一卷											
		通志藝文略 761	三卷											
		宋史藝文志 5256	四卷											
		歷代名畫記 145												
197	孝經異本雌雄圖	七錄 940	二卷											◎
198	孝經雄圖	日本國見在書目錄 374	三卷											
199	孝經雌圖	日本國見在書目錄 374	三卷											
200	孝經雌雄圖三光占	緯書集成 1050												
201	孝經元命包	七錄 940	一卷											◎
		通志藝文略 761	一卷											
202	孝經分野圖	七錄 940	一卷											◎
		通志藝文略 761	一卷											
203	孝經口授圖	七錄 940	一卷											◎
		通志藝文略 761	一卷											
204	孝經應瑞圖	舊唐書經籍志 1981	一卷											◎
		通志藝文略 761	一卷											
205	孝經皇義	隋書經籍志 933	一卷	宋均撰										◎
206	孝經元辰	隋書經籍志 1030	二卷											◎
			四卷											
		舊唐書經籍志 2042	二卷											
		新唐書藝文志 1533	二卷											
207	孝經左右握	七錄 940	二卷											◎
		通志藝文略 761	一卷											
		通志藝文略 761	二卷											

208	孝經讖圖	歷代名畫記 146	十二卷							◎
209	孝經章句	開元占經						◎	◎	
210	皇靈孝經	經義考 1351								◎
211	孝經錯緯	晉書郭瑀傳 2454								◎
212	孝經讖	拾遺 1093					◎			

九◆論語讖

序次	篇目名稱	著錄	卷帙	注者	備注
九	論語讖	七錄	八卷	宋注	諸書有泛引《論語讖》而不稱篇名者，馬國翰、喬松年、顧觀光、王仁俊、安居香山等總彙為一輯，而分別題為：《論語讖》、《泛引論語讖》、《論語讖附錄》、《論語讖》、《論語讖》。
		舊唐書經籍志 1982	十卷	鄭注	
		新唐書藝文志 1445	十卷	鄭注	
		通志藝文略 761	八卷		

序次	篇目名稱	著錄及徵引	卷帙	注者	明清輯本舉要									
					說郛	古微書	集緯	七緯	緯遺	拾遺	玉函	通緯	緯攟	續編	經義考
213	論語比考 論語比考讖	文選注 236				◎	◎		◎	◎	◎	◎	◎		◎
214	論語撰考 論語撰考讖	文選注 262				◎	◎		◎	◎	◎	◎			◎
215	論語摘輔象	文選注 1084				◎	◎		◎	◎	◎	◎	◎		◎
216	論語摘衰聖〔註7〕 論語摘襄聖	太平御覽 4187				◎	◎		◎	◎	◎	◎	◎		◎
217	論語素王受命讖	文選注 1282					◎			◎		◎	◎		◎
218	論語崇爵讖	文選注 1370					◎			◎		◎	◎		◎
219	論語糾滑讖 論語紀滑讖	文選注 1097					◎			◎		◎	◎		◎
220	論語陰嬉讖	文選注 1842				◎	◎			◎		◎	◎		◎

〔註7〕　《文選注》作「《論語摘襄聖承進讖》」。（頁944）

十◆河圖洛書

序次	篇目名稱	著錄	卷帙	注者	備註
十	河圖洛書	七錄	廿四卷		諸書有泛引《河圖》、《洛書》而不稱篇名者，殷元正、黃奭、喬松年、顧觀光、安居香山等總彙爲一輯，而分別題爲：《河圖》、《洛書》；《河圖》、《洛書》；《泛引河圖》、《泛引洛書》；《河圖緯逸文》、《洛書緯逸文》、《河圖》；《河圖》、《洛書》。
	河圖	隋書經籍志 940	二十卷		
	河圖	日本國見在書目錄 374	一卷		
	河圖	歷代名畫記 146	十三卷		
			八卷		

（一）河圖

序次	篇目名稱	著錄及徵引	卷帙	注者	明清輯本舉要									
					說郛	古微書	集緯	七緯	緯遺	拾遺	玉函	通緯	緯攟	續編	經義考
221	河圖括地象	後漢書公孫述列傳 538			◎	◎	◎		◎	◎		◎	◎		◎
222	河圖括地象圖	歷代名畫記 148	十一卷												◎
223	河圖括地圖	中國にねける緯書資料 78									◎				
224	河圖括地圖音	古讖緯研討 497													
225	河圖始開圖 河圖始開篇	太平御覽 421			◎	◎	◎		◎	◎		◎			◎
226	河圖挺佐輔	太平御覽 138				◎	◎			◎		◎			◎
227	河圖稽耀鉤 河圖稽燿鉤	太平御覽 165			◎	◎	◎		◎	◎		◎			◎
228	河圖帝覽嬉	後漢書律曆志 3035				◎	◎			◎		◎			◎
229	河圖握矩起 河圖握矩紀	太平御覽 497				◎	◎			◎		◎			◎
230	龍魚河圖	後漢書張衡列傳注 1925			◎	◎	◎		◎	◎		◎	◎		◎
		歷代名畫記 144	一卷												

編號	篇目	出典											
231	河圖合古篇	後漢書祭祀志 3165			◎				◎	◎		◎	
232	河圖舍占篇	拾遺 1110					◎						
233	河圖令占篇	太平御覽 151							◎				
234	河圖占	晉書五行志 343 ／ 宋書五行志 1217											
235	河圖赤伏符	後漢書光武帝紀 21			◎		◎		◎	◎		◎	
236	河圖闓苞受	文選注 1933			◎		◎		◎	◎			
237	河圖叶光圖	經義考 1334										◎	
238	河圖汴光篇	太平御覽 3986							◎				
239	河圖叶光篇	集緯 708			◎								
240	河圖汁光篇	拾遺 1110					◎						
241	河圖叶光紀	通緯 1565						◎					
242	河圖計先	中國にねける緯書資料 77											
243	河圖錄運法	後漢書公孫述列傳 538			◎		◎		◎			◎	
244	河圖帝通紀 ／ 河圖帝紀通	北史王劭傳 1297		◎	◎		◎		◎	◎		◎	
245	河圖帝道紀	古讖緯研討 372											
246	河圖眞紀鉤 ／ 河圖眞鉤	太平御覽 2258		◎	◎		◎		◎	◎		◎	
247	河圖稽紀鉤	緯書集成 1194											
248	河圖考鉤	文選注 2474			◎				◎				
249	河圖祕徵 ／ 河圖帝祕徵 ／ 河圖祕徵篇	後漢書五行志 3320 ／ 後漢書蔡邕列傳注 2000		◎	◎		◎		◎	◎		◎	
250	河圖說徵	太平御覽 4335			◎				◎	◎			
251	河圖說徵祥	緯攟 527							◎				
252	河圖說徵示	緯書集成 1177										◎	
253	河圖說徵禾	緯書資料 283											
254	河圖說命徵	續編 2047									◎		
255	河圖徵	晉書戴洋傳 2472											

編號	緯書名	出處	卷數									
256	河圖會昌符	後漢書祭祀志 3163			◎	◎			◎		◎	◎	◎
257	河圖稽命徵 河圖稽命曜	太平御覽 4010		◎	◎	◎		◎			◎	◎	◎
258	河圖揆命篇	文選注 2264										◎	
		公羊傳疏 357											
259	河圖要元篇	真誥稽神樞篇 139			◎	◎			◎		◎	◎	◎
260	河圖內元經	真誥稽神樞篇 139											◎
261	河圖天靈	太平御覽 3714				◎		◎			◎	◎	
262	河圖提劉篇 河圖提劉 河圖提劉子	後漢書祭祀志 3165			◎	◎			◎		◎	◎	◎
263	圖緯絳象	緯攟 527										◎	
264	河圖絳象 河圖緯象	古微書 356			◎	◎					◎		◎
265	河圖著命	文選注 2154			◎				◎		◎	◎	◎
266	河圖著明	緯書集成 189											
267	河圖皇參持	北史王劭傳 1297				◎			◎		◎	◎	◎
268	河圖帝視萌	雲笈七籤 344				◎			◎		◎	◎	◎
269	河圖考靈曜	古微書 366			◎	◎					◎		
270	河圖考曜文	經義考 1333											◎
271	河圖記命符	抱朴子微旨篇 125											◎
272	河圖期運授	經義考 1332											◎
273	河圖八文	乾坤鑿度				◎							◎
274	河圖聖洽符 河圖聖洽	開元占經 263				◎			◎	◎			◎
275	河圖帝系譜	集緯 195				◎							
276	河圖龍文	隋書經籍志 940	一卷			◎			◎		◎		◎
		日本國見在書目錄 374											
277	河圖玉版	魏書文帝紀注 62			◎	◎			◎		◎		◎
278	河圖龍帝紀	緯書集成 1170											
279	河圖龍表	緯書集成 1171											

280	河圖靈武帝篇	緯書集成 1192												
281	河圖玉英	緯書集成 1193												
282	河圖表紀	緯書集成 1211												
283	大古河圖代姓紀	古讖緯研討 371												
284	古龍圖	古讖緯研討 370												
285	河圖文帝	古讖緯研討 372												
286	河圖出軍訣	古讖緯研討 371												
287	河圖表	古讖緯研討 371												
288	河圖紀	古讖緯研討 372												
289	河圖記	古讖緯研討 371												
290	河圖傳	古讖緯研討 370												
291	河圖緯	古讖緯研討 370												
292	河圖讖	古讖緯研討 371												
293	河圖皇傳	古讖緯研討 371												
294	河圖符文	古讖緯研討 372												
295	河圖龍魚徵記	古讖緯研討 370												
296	握河記	古讖緯研討 371												
297	錄圖	古讖緯研討 371												
298	龍馬河圖	古讖緯研討 370												
299	圖書秘記	漢書藝文志 1765	十七篇											◎
300	河洛內記	抱朴子遐覽篇 334	七卷											◎

（二）洛書

序次	篇目名稱	著錄及徵引	卷帙	注者	明清輯本舉要									
					說郛	古微書	集緯	七緯	拾遺	玉函	通緯	緯攟	續編	經義考
301	洛書靈準聽	太平御覽 505				◎	◎			◎		◎	◎	◎

編號	書名	出處	卷數										
302	洛書甄曜度 洛書甄耀度	後漢書律曆志 3035		◎	◎	◎		◎		◎	◎		◎
303	甄曜度讖	古微書 710			◎					◎			
304	洛書摘六辟 洛書摘亡辟	易通卦驗			◎	◎		◎		◎	◎		◎
305	洛書寶號命 洛書寶予命	蜀書先主傳 887				◎		◎			◎		◎
306	洛書錄運法	太平御覽 785			◎					◎			
307	洛書錄運期	蜀書先主傳 887				◎				◎			◎
		宋書符瑞志 779											
308	錄運期讖	古微書 710		◎									
309	洛書稽命曜	經義考 1334											◎
310	洛書兵鈐 洛書兵鈐勢	開元占經 797				◎		◎					
311	老子河洛讖	隋書經籍志 940	一卷										
		南齊書符瑞志 349											◎
312	洛書說禾	藝文類聚 1451				◎					◎		
313	洛書說徵示	太平御覽 4256						◎					
314	孔子河洛讖	南齊書高帝紀 115		◎				◎					
315	洛書洛罪級	開元占經 200						◎	◎				
316	洛書紀	緯書集成 1280											
317	洛圖三光占 洛書三光占	開元占經 464											
318	洛書斗中圖	緯書集成 1284											
319	洛書居處法	古讖緯研討 486											
320	河洛交集	古讖緯研討 486											
321	河洛解	古讖緯研討 486											
322	尚書洛書	古讖緯研討 486											

十一◆其他

序次	篇目名稱	著錄及徵引	卷帙	注者	明清輯本舉要										
					說郛	古微書	集緯	七緯	緯遺	拾遺	玉函	通緯	緯攟	續編	經義考
323	書易詩孝經春秋河洛緯祕要	七錄	一卷												◎
324	句命決圖	歷代名畫記 145													◎
325	靈命本圖	歷代名畫記 152													◎
326	辨靈命圖	歷代名畫記 152													◎
327	楊氏內讖解說	經義考 1352													◎
328	遁甲開山圖	後漢書張衡列傳注 1913					◎			◎	◎				
329	孔老讖	隋書經籍志 940	十二卷												
330	尹公讖	隋書經籍志 940	四卷												
331	劉向讖	隋書經籍志 940	一卷												
332	雜讖書	隋書經籍志 940	廿九卷												
333	堯戒舜禹	隋書經籍志 940	一卷												
334	孔子王明鏡	隋書經籍志 940	一卷												
335	郭文金雄記	隋書經籍志 940	一卷												
336	王子年歌	隋書經籍志 940	一卷												
337	嵩高道士歌	隋書經籍志 940	一卷												
338	師曠占	隋書經籍志 1038	五卷												
339	師曠書	隋書經籍志 1035	三卷												
340	白澤圖	古讖緯研討 273													
341	師曠紀	古讖緯研討 273													
342	神含神霧	說郛 131			◎										

附錄三　兩漢書疏對策所涉陰陽災異篇目表*

一、西漢

時間	作者	篇目名稱	備注
武帝	董仲舒	賢良策一	參本傳；頁 2500
		賢良策二	參本傳；頁 2512
		賢良策三	參本傳；頁 2515
	東方朔	諫起上林苑疏	參本傳；頁 2849
宣帝	魏相	諫擊匈奴書	參本傳；頁 3136
		表奏陰陽月令	參本傳；頁 3139～3140
	張敞	上孝宣帝封事	參本傳；頁 3217
	蕭望之	對災異問	參本傳；頁 3273
元帝	劉向	條災異封事	參本傳；頁 1932～1947
	匡衡	疏政治得失	參本傳；頁 3337
	京房	上封事一	參本傳；頁 3164
		至新豐上封事二	參本傳；頁 3164～3165
		至陝上封事三	參本傳；頁 3165～3166
	翼奉	請徙郡疏	參本傳；頁 3177
		奏災異封事	參本傳；頁 3173～3174
	諸葛豐	上書欲治權幸	參本傳；頁 3249
	平當	上書請復太上皇寢廟園	參本傳；頁 3049

---

* 本表所列書疏對策之「篇名」，主要依據《秦漢書疏》（上海：上海古籍出版社，1997年，《續修四庫全書》本）。

	劉向	極諫外家封事	參本傳；頁 1959～1961
成帝	谷永	應詔策	參本傳；頁 3443～3444
	劉輔	諫立班婕妤	參本傳；頁 3251～3252
	辛慶忌	諫擊劉輔	參劉輔傳；頁 3253
	梅福	上書言權貴太盛	參本傳；頁 2922
	何武	災異封事	參辛慶忌傳；頁 2977
	薛宣	上成帝疏	參本傳；頁 3386
哀帝	王嘉	日食上封事	參本傳；頁 3496
		諫封董賢	參本傳；頁 3498
	孔光	災異對	參本傳；頁 3359～3360
	杜鄴	日食對	參本傳；頁 3475～3476
	鄭崇	諫封外戚	參本傳；頁 3255
	師丹	上書言抑外戚大驟	參本傳；頁 3053～3054
	鮑宣	諫封爵外戚	參本傳；頁 3087
平帝	申屠剛	賢良方正策	參申屠剛列傳；頁 1011

二、東漢

時間	作者	篇目名稱	備注
光武	鄭興	日蝕上疏	參本傳；頁 1221
明帝	鍾離意	災異疏	參本傳；頁 1408
		再上災異疏	參本傳；頁 1409
章帝	馬嚴	日食上封事	參本傳；頁 860
	鮑昱	災眚對	參本傳；頁 1022
	何敞	上疏理郅壽	參本傳；頁 1033～1034
	陳寵	奏月令	參本傳；頁 1550～1551
	楊終	上章帝書	參本傳；1597～1598
	張敏	再上疏	參本傳；頁 1503
和帝	丁鴻	日食上封事	參本傳；1265～1266
	魯恭	諫擊匈奴	參本傳；頁 846～877
		諫盛夏斷獄	參本傳；頁 879～880
	樊準	災異疏	參本傳；頁 1127

安帝	馬融	征西羌疏	參本傳；頁 1971
		日食上疏	參五行志注引；頁 3365
	陳忠	弭盜疏	參本傳；頁 1558～1559
		疏抑中使負寵	參本傳；頁 1562～1563
		諫以災眚切免公台	參本傳；頁 1565
	翟酺	諫用外戚	參本傳；頁 1604～1605
	楊震	地震疏	參本傳；頁 1765
順帝	郎顗	論災異	參本傳；頁 1053～1057
		條便宜七事	參本傳；頁 1058～1066
		上書薦黃瓊李固	參本傳；頁 1068～1070
		復條陳便宜四事	參本傳；頁 1071～1074
	張衡	上書陳事	參本傳；頁 1910～1911
	周舉	災異對	參本傳；頁 2025～2026
	左雄	上順帝疏	參本傳；頁 2017～2018
	皇甫規	賢良方正策	參本傳；頁 2130～2132
		得失對	參本傳；頁 2136
	李固	對爲政所宜	參本傳；頁 2074～2077
桓帝	袁著	上書論梁冀	參梁冀傳；頁 1184
	寇榮	亡命上書請罪	參本傳；頁 628～632
	爰延	上言客星經帝座	參本傳；頁 1618～1619
	楊秉	諫微行	參本傳；頁 1769～1770
	劉陶	災異疏	參本傳；頁 1843～1844
	李雲	露布上疏	參本傳；頁 1851～1852
	劉瑜	上書陳事	參本傳；頁 1855～1857
	孫程	上言救虞詡	參虞詡傳；頁 1870～1871
	襄楷	疏論災異	參本傳；頁 1076～1080
	竇武	諫繫黨人	參本傳；頁 2239～2240
	荀爽	便宜策	參本傳；頁 2051～2055
	陳蕃	諫桓帝	參本傳；頁 2161～2162
		救李膺	參本傳；頁 2166～2167

靈帝	陳宣	諫塞雒水	參五行志注引；頁 3307
	蔡邕	條上七事	參本傳；頁 1993～1998
		應詔上封事	參本傳；頁 1998～2000
		上書自陳	參本傳；頁 2001～2002
		對論天蜺	參五行志注引；頁 3351
靈帝	審忠	上書請誅宦官	參曹節傳；頁 2526
	楊賜	上靈帝封事	參本傳；頁 1776
		書對	參本傳；頁 1779～1780
	呂強	上疏陳事	參本傳；頁 2528～2529
	謝弼	上封事陳得失	參本傳；頁 1858～1859

附錄四　兩漢詔書所涉陰陽災異一覽表*

一、西漢

君主	時間	陰陽災異	出處
文帝	二年十一月	日食	文帝本紀；頁 116
	三年十一月	日食	文帝本紀；頁 119
	後元年三月*	歲比不登、水旱疾疫	文帝本紀；頁 128
武帝	元封四年夏	旱	郊祀志；頁 1232
昭帝	元鳳五年正月	水災	昭帝本紀；頁 229
宣帝	本始四年四月*	地震、山崩、水出	宣帝本紀；頁 245
	地節三年十月*	地震	宣帝本紀；頁 249
	地節四年九月	水災	宣帝本紀；頁 252
	元康元年八月*◎	陰陽風雨未時	宣帝本紀；頁 255
	元康二年◎	疫疾	宣帝本紀；頁 255
	五鳳四年四月*◎	日食	宣帝本紀；頁 268
元帝	初元元年四月	地動	元帝本紀；頁 279
	初元元年八月	大水	元帝本紀；頁 280
	初元二年三月*	地震	元帝本紀；頁 281
	初元二年七月*	饑、地動	元帝本紀；頁 282

---

* 本表所列，酌參孫廣德：《先秦兩漢陰陽五行說的政治思想》（臺北：臺灣商務印書館，1993 年 6 月），頁 265～268。案：孫書所錄，僅及於兩《漢書》〈本紀〉之相關記載；本表所列，則加計兩《漢紀》等史料，故所錄略有不同。表中加注黑底者，即爲該書所未錄之部份。惟兩漢史籍資料眾多，本表所列倘有疏漏，尚祈　學者方家不吝賜正。

元帝	初元三年四月*◎	火災	元帝本紀；頁 283
	初元三年六月*	陰陽錯謬，風雨不時	元帝本紀；頁 284
	初元五年四月*	星孛	元帝本紀；頁 285
	永光二年二月*◎	陰陽未調，三光晻昧	元帝本紀；頁 288
	永光二年三月*◎	日食	元帝本紀；頁 289
	永光三年十一月◎	地動、雨水、大霧	元帝本紀；頁 290
	永光四年二月*	屢遭凶咎	元帝本紀；頁 291
	永光四年六月◎	火災、日食	元帝本紀；頁 291
	建昭四年四月*	陰陽不調、五行失序	元帝本紀；頁 295
成帝	建始元年二月	星孛、火災	成帝本紀；頁 303
	建始三年九月◎	水災	成帝本紀；頁 306
	建始三年十二月*	日食、地震	成帝本紀；頁 307
	河平元年四月*	日食	成帝本紀；頁 309
	陽朔二年二月	寒	成帝本紀；頁 312
	鴻嘉元年二月*	陰陽錯謬、寒暑失序	成帝本紀；頁 315
	鴻嘉二年三月	日月無光、雊蜚集于庭	成帝本紀；頁 317
	鴻嘉四年正月◎〔註1〕	水旱爲災	成帝本紀；頁 318
	永始二年二月*	星隕、日食	成帝本紀；頁 321
	永始三年正月	日食	成帝本紀；頁 323
	永始四年六月	地震、火災	成帝本紀；頁 324
	元延元年七月	星孛	成帝本紀；頁 326
哀帝	綏和二年秋*	日月無光、五星失行	哀帝本紀；頁 337
	元壽元年正月*	日食	哀帝本紀；頁 343

〔註1〕 案：孫廣德於鴻嘉二年三月後，又錄「永始元年七月，是年七月太官淩室火」一則。(見頁 266) 今檢《漢書‧成帝本紀》，「太官淩室火」乃「永始元年春正月」之事；而七月詔云：「朕執德不固，謀不盡下，過聽將作大匠萬年言昌陵三年可成。作治五年，中陵、司馬殿門內尚未加功。天下虛耗，百姓罷勞，客土疏惡，終不可成。朕惟其難，怛然傷心。夫『過而不改，是謂過矣。』其罷昌陵，及故陵勿徙吏民，令天下毋有動搖之心。」(以上見頁 319～320) 今觀詔書所述，明顯與「淩室火」無關。孫書所錄，恐屬誤列。

二、東漢

君主	時間	陰陽災異	出處
光武	建武六年正月	水旱蝗蟲	光武本紀；頁 47
	建武六年十月*	日食	光武本紀；頁 50
	建武七年三月*	日食	光武本紀；頁 52
	建武七年四月*	日食	光武本紀；頁 52
	建武廿二年九月*	地震裂	光武本紀；頁 74
	建武卅年	災異連仍，日月薄食	東觀漢記；頁 12
明帝	永平三年八月*	日食	明帝本紀；頁 106
	永平八年十月*	日食	明帝本紀；頁 111
	永平十三年十月*	日食	明帝本紀；頁 117
章帝	建初元年三月*◎	地震	章帝本紀；頁 133
	建初二年三月	陰陽不調，饑饉屢臻	章帝本紀；頁 134
	建初五年二月	日食	章帝本紀；頁 139
	建初五年二月*	水旱	章帝本紀；頁 139
	元和元年二月	牛疫	章帝本紀；頁 145
和帝	永元六年三月◎	陰陽不和，水旱違度	和帝本紀；頁 178
	永元七年四月*	日食	和帝本紀；頁 180
	永元八年九月*	蝗	和帝本紀；頁 182
	永元九年六月	蝗、旱	和帝本紀；頁 183
	永元十二年三月◎	比年不登、冬無宿雪	和帝本紀；頁 186
	永元十三年九月	雨水	和帝本紀；頁 188
	永元十四年十月	雨水	和帝本紀；頁 190
	永元十五年四月*	日食	清河孝王慶傳；頁 1802
	永元十六年七月◎	旱	和帝本紀；頁 192
殤帝	延平元年六月	雨水	殤帝本紀；頁 197
	延平元年七月◎	水災	殤帝本紀；頁 198
安帝	永初二年七月*	陰陽差越，變異並見	安帝本紀；頁 210
	永初三年三月*	饑	安帝本紀；頁 212
	永初五年閏三月*	災異蜂起、蝗蟲滋生	安帝本紀；頁 217
	元初二年五月*◎	旱、蝗	安帝本紀；頁 222
	元初四年六月◎	雨水	安帝本紀；頁 227

順帝	永建元年正月	疫疾	順帝本紀；頁 251
	永建三年正月	地震	後漢紀；頁 493
	永建四年正月*	陰陽氣隔	順帝本紀；頁 255
	永建四年五月	海內頗有災異	順帝本紀；頁 256
	永建六年十一月◎	連年災潦	順帝本紀；頁 258
	陽嘉元年二月	陰陽隔並、冬鮮宿雪	順帝本紀；頁 259
	陽嘉元年十二月◎	星孛	順帝本紀；頁 261
	陽嘉二年五月*	地動	順帝本紀；頁 262
	陽嘉三年五月*	旱	順帝本紀；頁 264
	陽嘉四年閏六月*	日食	注引東觀記；頁 265
	永和元年正月*	日食、地震	順帝本紀；頁 265
質帝	永嘉元年五月*◎	旱	質帝本紀；頁 278
	本初元年正月◎	怨氣傷和，以致災眚	質帝本紀；頁 280
桓帝	建和三年五月	日食	桓帝本紀；頁 293
	建和三年十一月*	三光不明、陰陽錯序	桓帝本紀；頁 294
	永興二年三月	地震	桓帝本紀；頁 299
	永興二年六月	蝗蟲、水變	桓帝本紀；頁 299
	永興二年九月*	日食	桓帝本紀；頁 299
	延熹九年正月*	日食	桓帝本紀；頁 317
靈帝	光和元年七月	災變互生	蔡邕傳；頁 1998
獻帝	初平四年正月	日食	後漢紀；頁 764
	初平四年夏	災異數降，陰雨為害	董卓傳；頁 2334～2335

附錄五　兩漢因災異策免三公一覽表*

一、西漢

年代		被策免者	官銜	策免原因	資料出處
文帝	三年	周勃	丞相	日蝕	文帝紀；頁 424～425
成帝	河平四年	王商	丞相	日蝕	王商傳；頁 3374
	永始二年	薛宣	丞相	變異數見、歲比不登	薛宣傳；頁 3393
哀帝	建平初	師丹	大司空	陰陽不調、寒暑失常	師丹傳；頁 3507～3508
	建平初	孔光	丞相	陰陽錯謬、歲比不登	孔光傳；頁 3357～3358
	元壽二年	董賢	大司馬	陰陽不調、災害並臻	佞幸傳；頁 3739
王莽	天鳳元年	逯並	大司馬	日蝕	王莽傳；頁 4134～4135
	天鳳三年	陳茂	大司馬	日蝕	王莽傳；頁 4144

* 本表所錄，略參孫廣德：《先秦兩漢陰陽五行說的政治思想》，頁 273～277；于振波：〈漢代「天人感應」思想對宰相制度的影響〉，《中國社會科學院研究生學報》，1994 年第 6 期，頁 73；陳業新：《災害與兩漢社會研究》（上海：上海人民出版社，2004 年 4 月），頁 232～235。案：以上三家所計各有不同，本文所錄亦與三家有別。之所以如此，原因有三：

1、統計年限有別：本文及孫、陳二氏以兩漢爲統計範圍，而于文僅及東漢。
2、統計資料有別：本文及于、陳二氏兼採《後漢紀》、《東觀漢記》等史料，而孫書則僅計兩《漢書》所錄。
3、統計標準不同：（1）認定基準有別：本文及孫書、于文以「災異」爲統計基準；而陳書則以「災害」爲統計基準。故凡屬「天文異象」之類者，均爲該書所未錄。（2）策免對象有別。孫書以「臣下」爲準，于文以東漢之三公爲準，本文及陳書則以廣義之三公爲準。（3）判定基準有別：本文及孫書僅計其深切著明（即史書明載三公因某一災異事件而罷、或明示因災異而罷）之部份，而于、陳二氏則將諸如「（建武廿二年）九月戊辰，地震裂。……冬十月壬子，大司空朱浮免」（《後漢書·光武本紀》：頁 74）之類的記載，一概視爲因災異（或災害）而策免之例。然誠如孫廣德所云，此類記載「只是並列而已，並沒有確切說明是因災異而免。」（上揭書：頁 274）本文從孫說，亦不錄此類事例。

至於諸說具體之差別及相關考證，請參本文〈附錄六〉。

二、東漢

年代		被策免者	官銜	策免原因	資料出處
安帝	永初元年	徐防	太尉	寇賊水雨	張禹列傳；頁1499
	永初元年	尹勤	司空	寇賊水雨	張禹列傳；頁1499
	永初三年	魯恭	司徒	災異	後漢紀；頁442
	永初五年	張禹	太尉	災異	張禹列傳；頁1499
	延光元年	陳襃	司空	災異	後漢紀；頁471
	延光三年	楊震	太尉	星變逆行	楊震列傳；頁1766
順帝	永建元年	李郃	司徒	疾疫	方術列傳；頁2718 後漢紀；頁489
	永建元年	朱倀	司徒	疾疫	後漢紀；頁490
	永建四年	劉光	太尉	陰陽不和	順帝本紀；頁256 張皓列傳；頁1816
	永建四年	朱寵	太尉	陰陽不和	後漢紀；頁494
	永建四年	張皓	司空	陰陽不和	後漢紀；頁494
	鴻嘉二年	龐參	太尉	災異	龐參列傳；頁1691 後漢紀；頁514
	鴻嘉二年	王龔	司空	災異（地震）	王龔列傳；頁1830 後漢紀；頁514
	鴻嘉三年	孔扶	司空	災異	後漢紀；頁515
	鴻嘉三年	劉崎	司徒	災異	後漢紀；頁515
	永和三年	黃尚	司徒	災異	後漢紀；頁521
	漢安元年	桓焉	太尉	災異（日蝕）	後漢紀；頁538
	漢安元年	劉壽	司徒	災異	劉壽列傳；頁1257 後漢紀；頁538
桓帝	建和元年	杜喬	太尉	地震	杜喬列傳；頁2903
	元嘉元年	黃瓊	司空	災異（地動）	黃瓊列傳；頁2036 後漢紀；頁573
	永興元年	袁湯	太尉	災異	袁湯列傳；頁1523 桓帝本紀；頁2903
	永興二年	胡廣	太尉	日食	胡廣列傳；頁1509 後漢紀；頁577
	延熹元年	黃瓊	太尉	日食	黃瓊列傳；頁2036
	延熹四年	黃瓊	司空	地震	黃瓊列傳；頁2037
	延熹四年	劉寵	司空	陰霧愆陽	循吏列傳；頁2478

桓帝	延熹四年	虞放	司空	水災	虞放列傳；頁 1154 桓帝本紀；頁 308
	延熹八年	周景	司空	地震	周景列傳；頁 1538
靈帝	建寧元年	劉矩	太尉	日食	循吏列傳；頁 2477
	建寧元年	王暢	司空	災異（水災）	王暢列傳；頁 1826 後漢紀；頁 634
	建寧二年	劉寵	太尉	災異（日食）〔註1〕	循吏列傳；頁 2479 後漢紀；頁 657
	建寧三年	橋玄	司徒	引眾災自劾	橋玄列傳；頁 1696
	建寧四年	橋玄	司空	災異（日蝕）	後漢紀；頁 657
	熹平二年	楊賜	司空	災異（地震）	楊賜列傳；頁 1777
	熹平六年	劉寬	太尉	災異（日食）	劉寬列傳；頁 888 後漢紀；頁 637
	熹平六年	陳球	司空	災異	陳球列傳；頁 1834 後漢紀；頁 637
	光和元年	孟郁	太尉	災異	後漢紀；頁 675
	光和元年	陳耽	司空	災異	後漢紀；頁 675
	光和元年	陳球	太尉	災異（日食）	陳球列傳；頁 1834 後漢紀；頁 679
	光和二年	段熲	太尉	日食	段熲列傳；頁 2154
	光和二年	袁滂	司徒	災異	後漢紀；頁 679
	光和四年	劉寬	太尉	日變	劉寬列傳；頁 888
	中平六年	劉弘	司空	久雨	後漢紀；頁 725
	中平六年	丁宮	司徒	久雨	後漢紀；頁 725
獻帝	初平元年	黃琬	太尉	災異	楊彪列傳；頁 1787
	初平元年	楊彪	司徒	災異	楊彪列傳；頁 1787
	初平二年	种拂	司空	地震	种拂列傳；頁 1830 後漢紀；頁 746
	初平三年	皇甫嵩	太尉	災異（流星）	皇甫嵩列傳；頁 2307 後漢紀；頁 763

〔註1〕　《後漢書‧循吏列傳‧劉寵傳》云：「建寧元年，代王暢爲司空，頻遷司徒、太尉。二年，以日食策免。」依范書，劉寵免太尉當在「建寧二年」。然《後漢紀‧建寧四年》云：「三月辛酉朔，日有蝕之。太尉劉寵、司空喬玄以災異策罷。」（頁657）是依袁書，劉寵免太尉又當在「建寧四年」。二說有別，茲暫依范書所錄。

獻帝	初平三年	楊彪	司空	地震（註2）	楊彪列傳；頁 1787 後漢紀；頁 766
	初平四年	周忠	太尉	災異	周忠列傳；頁 1539 後漢紀；頁 765
	初平四年	趙溫	司空	地震	後漢紀；頁 769
	興平元年	朱雋	太尉	災異（日食）	朱雋列傳；頁 2313 後漢紀；頁 775

〔註2〕 《後漢書・楊彪列傳》云：「（初平）三年秋，代淳于嘉爲司空，以地震免。」
《後漢紀・初平四年》則云：「司空楊彪以地震賜罷。」惟檢諸《後漢書》，
初平三年並無「地震」之記載，則楊彪之免當在初平四年。

附錄六　兩漢因災異策免三公諸說差異表

年代		被策免者	官職	諸說採錄情況			
				孫廣德	于振波	陳業新	本文
文帝	三年	周勃	丞相	◎			◎
武帝	元封四年	石慶〔註1〕	丞相			◎	
宣帝	未詳	何武〔註2〕	太守	◎			
元帝	永光元年	于定國〔註3〕	丞相			◎	
成帝	建始四年	尹忠〔註4〕	御史			◎	
	河平四年	王商	丞相	◎			◎
	永始二年	薛宣	丞相	◎		◎	◎
	綏和二年	翟方進〔註5〕	丞相			◎	
哀帝	建平元年	師丹	大司空	◎			◎
	建平元年	孔光	丞相	◎			◎
	建平二年	平當〔註6〕	丞相			◎	

〔註1〕　案：依《漢書・石奮傳》，石慶乃上書自乞骸骨，並非武帝明令策免；且石慶後又「復起視事」，亦未因此歸丞相印授。（以上見頁2197～2200）故本文未錄此條。

〔註2〕　案：何武並非三公，故本文未錄此條。以下之孫寵、息夫躬，其說亦同。

〔註3〕　案：于定國乃自劾去職，非漢帝明令策免。其說已見正文，茲不贅。

〔註4〕　《漢書・成帝本紀》云：「（建始四年）十月，御史大夫尹忠以河決不憂職，自殺。」（頁308）尹忠既為自殺，其非漢帝所免可知，故本文未錄此條。

〔註5〕　案：翟方進乃因災異自殺，並非由於災異而遭漢帝策免。其說已見正文，茲不贅。

〔註6〕　案：依《漢書・平當傳》，平當乃上書自乞骸骨，並非哀帝明令策免。且帝報當曰：「朕選於眾，以君為相，視事日寡，輔政未久，陰陽不調，冬無大雪，旱氣為災，朕之不德，何必君罪？」（頁3051）是哀帝乃以災異自責，並未因此

				◎			
哀帝	元壽元年	孫寵	方陽侯	◎			
	元壽元年	息夫躬	宜陵侯	◎			
	元壽二年	董賢	大司馬	◎		◎	◎
王莽	天鳳元年	逯並	大司馬	◎			◎
	天鳳三年	王邑〔註7〕	大司馬			◎	
	天鳳三年	陳茂	大司馬	◎			◎
光武	建武廿二年	朱浮〔註8〕	大司空			◎	
明帝	永平三年	趙憙〔註9〕	太尉			◎	
	永平三年	李訢〔註10〕	司徒			◎	
安帝	永初元年	徐防	太尉	◎	◎	◎	◎
	永初元年	尹勤	司空	◎	◎	◎	◎
	永初三年	魯恭	司徒				
	永初五年	張禹	太尉	◎	◎	◎	◎
	永初六年	張敏〔註11〕	司空				
	延光元年	陳襃	司空	◎	◎	◎	◎
	延光二年	劉愷〔註12〕	太尉			◎	
	延光三年	楊震	太尉		◎		◎

咎責平當，陳書所錄，誤。

〔註7〕 案：依《漢書・王莽傳》，王邑乃上書自乞骸骨，並非王莽明令策免。且莽云：「天地動威，以戒予躬，公何辜焉，而乞骸骨，非所以助予者也。」（見頁4141～4142）是莽亦未因此咎責王邑，陳書所錄，誤。

〔註8〕 《後漢書・光武本紀》云：「九月戊辰，地震裂。……冬十月壬子，大司空朱浮免。」（頁74）陳業新據以採錄。然〈本紀〉並未明示朱浮之免乃因地震而起，故本文未錄此條。

〔註9〕 《後漢書・明帝本紀》云：「三年春正月癸巳，詔曰：『朕奉郊祀，登靈臺，見史官，正儀度。夫春者，歲之始也。始得其正，則三時有成。比者水旱不節，邊人食寡，政失於上，人受其咎。……』……二月甲寅，太尉趙憙、司徒李訢免。」（頁105）陳業新據以採錄。然今檢《後漢書・天文志》云：「太尉趙憙、司徒李訢坐事免官。」（頁3224）是趙憙、李訢之免實與災異無涉。陳書所錄，誤！

〔註10〕 參上注。

〔註11〕 《後漢書・安帝本紀》云：「三月，十州蝗。夏四月乙丑，司空張敏罷。」（頁218）陳書作「張禹」，誤。又檢《後漢紀》云：「司空張敏以久病策罷。」（頁452）是張敏之免，亦與災異無關。

〔註12〕 《後漢書・安帝本紀》云：「九月，郡國五雨水。冬十月辛未，太尉劉愷罷。」（頁237）陳業新據以採錄。然雨水在九月，劉愷之免在十月：二者之間，顯然缺乏直接之關係。故本文未錄此條。

	年	姓名	官				
順帝	永建元年	李郃	司徒	◎	◎	◎	◎
	永建元年	馮石〔註13〕	太傅			◎	
	永建元年	劉熹〔註14〕	太尉			◎	
	永建元年	朱倀	司徒		◎		◎
	永建四年	劉光	太尉	◎		◎	◎
	永建四年	朱寵	太尉		◎		◎
	永建四年	張皓	司空		◎	◎	◎
	鴻嘉二年	龐參	太尉	◎	◎	◎	◎
	鴻嘉二年	王龔	司空	◎	◎	◎	◎
	鴻嘉三年	孔扶	司空		◎	◎	◎
	鴻嘉三年	劉崎	司徒		◎	◎	◎
	永和三年	黃尚	司徒				◎
	漢安元年	桓焉	太尉		◎		◎
	漢安元年	劉壽	司徒		◎		◎
桓帝	建和元年	杜喬	太尉			◎	
	元嘉元年	張歆〔註15〕	司徒			◎	
	元嘉元年	黃瓊	司空	◎	◎	◎	◎
	永興元年	袁湯〔註16〕	太尉	◎	◎	◎	◎
	永興二年	胡廣	太尉	◎	◎	◎	◎
	永壽元年	房植〔註17〕	司空		◎	◎	

〔註13〕 《後漢書・順帝本紀》云：「永建元年春正月甲寅，詔曰：『先帝聖德，享祚未永，旱災鴻烈。姦慝緣閒，人庶怨讟，上干和氣，疫癘爲災。……』……辛巳，太傅馮石、太尉劉熹、司徒李郃免。」（頁251～252）陳業新據以採錄。今檢《後漢紀》云：「太傅馮石、太尉劉喜以阿黨權貴免。」（頁489）李賢注引《東觀漢記》亦同。是馮石、劉喜之免殆與災異無關。陳書所錄，誤！

〔註14〕 參上注。

〔註15〕 《後漢書・桓帝本紀》云：「（元嘉元年）京師旱。任城、梁國飢，民相食。司徒張歆罷，光祿勳吳雄爲司徒。」（頁297）然〈本紀〉並未明示張歆之免乃因大旱而起，故本文未錄此條。

〔註16〕 《後漢書・袁湯列傳》云：「彭弟湯，字仲河，少傳家學，諸儒稱其節，多歷顯位。桓帝初爲司空，以豫議定策封安國亭侯，食邑五百戶。累遷司徒、太尉，以災異策免。」（頁1523）孫書作「袁安」，誤。

〔註17〕 《後漢書・桓帝本紀》云：「六月……南陽大水。司空房植免。」（頁301）于振波、陳業新據以採錄。然〈本紀〉並未明示房植之免乃因大水而起，故本文未錄此條。

				◎	◎	◎	◎
桓帝	延熹元年	黃瓊	太尉	◎	◎	◎	◎
	延熹四年	盛允〔註18〕	司徒		◎	◎	
	延熹四年	黃瓊	司空		◎	◎	◎
	延熹四年	劉寵	司空	◎	◎		◎
	延熹四年	劉矩〔註19〕	太尉		◎		
	延熹四年	虞放〔註20〕	司空		◎		◎
	延熹八年	周景	司空	◎	◎		◎
	延熹九年	許栩〔註21〕	司徒			◎	
靈帝	建寧元年	劉矩	太尉	◎	◎		◎
	建寧元年	王暢	司空	◎	◎		
	建寧二年	聞人襲〔註22〕	太尉			◎	
	建寧二年	許栩〔註23〕	司徒			◎	
	建寧二年	劉寵	太尉	◎	◎		◎
	建寧三年	橋玄	司徒			◎	◎
	建寧四年	橋玄	司空				◎
	建寧四年	襲人襲〔註24〕	太尉		◎	◎	

〔註18〕《後漢書‧桓帝本紀》云：「四年春正月辛酉，南宮嘉德殿火。戊子，丙署火、大疫。二月壬辰，武庫火。司徒盛允免。」（頁308）于振波、陳業新據以採錄。然〈本紀〉並未明示盛允之免乃因水火而起，故本文未錄此條。

〔註19〕《後漢書‧劉矩列傳》云：「延熹四年，代黃瓊爲太尉。……時連有災異，司隸校尉以劾三公。」（頁2477）于振波據以採錄。然范書但云司隸校尉因連有災異彈劾三公，並未言及三公因災異而策免。于文所錄，似有推求太過之嫌。

〔註20〕《後漢書‧虞放列傳》云：「延從曾孫放，字子仲。……桓帝時爲尚書，以議誅大將軍梁冀功封都亭侯，後爲司空，坐水災免。」（頁1154）陳書作「虞延」，誤。

〔註21〕《後漢書‧桓帝本紀》云：「夏四月，濟陰、東郡、濟北、平原河水清。司徒許栩免。」（頁317）陳業新據以採錄。然〈本紀〉並未明示許栩之免乃因河水清而起，茲不取。

〔註22〕《後漢書‧靈帝本紀》云：「夏四月癸巳，大風，雨雹。……五月，太尉聞人襲罷，司空許栩免。」（頁330）陳業新據以採錄。然大風、雨雹在四月，聞、許二人之免在則五月，以此論定二人之免與災異有關，顯然過於牽強。且〈本紀〉亦未明示二人之免乃因大風、雨雹而起，茲不取。

〔註23〕參上註。

〔註24〕《後漢書‧靈帝本紀》云：「三月辛酉朔，日有食之。太尉聞人襲免。」（頁332）于振波、陳業新據以採錄。然〈本紀〉並未明示聞人襲之免乃因日蝕而起，故本文未錄此條。

靈帝	建寧四年	許訓〔註25〕	司徒		◎	◎	
	建寧四年	來豔〔註26〕	司空			◎	
	熹平二年	楊賜	司空	◎	◎	◎	◎
	熹平六年	劉寬	太尉		◎		◎
	熹平六年	陳球	司空	◎	◎	◎	◎
	光和元年	孟郁	太尉				◎
	光和元年	陳耽	司空			◎	
	光和元年	陳球	太尉	◎			
	光和二年	段熲	太尉		◎		◎
	光和二年	袁滂	司徒			◎	◎
	光和二年	太尉〔註27〕	橋玄			◎	
	光和二年	司空〔註28〕	袁逢			◎	
	光和四年	劉寬	太尉	◎			
	光和五年	陳耽〔註29〕	司徒		◎	◎	
	中平二年	鄧盛〔註30〕	太尉			◎	
	中平二年	袁隗〔註31〕	司徒		◎		

〔註25〕《後漢書‧靈帝本紀》云：「（三月）大疫，……司徒許訓免。」（頁332）于振波、陳業新據以採錄。然〈本紀〉並未明示許訓之免乃因大疫而起，故本文未錄此條。

〔註26〕《後漢書‧靈帝本紀》云：「五月，河東地裂，雨雹，山水暴出。秋七月，司空來豔免。」（頁332）陳業新據以採錄。然來豔之免在七月，地裂、雨雹等在五月；陳書將二者牽合爲一，似言過其實。茲不取。

〔註27〕《後漢書‧靈帝本紀》云：「二年春，大疫。……三月，司徒袁滂免，……乙丑，太尉橋玄罷。」（頁342）陳業新據以採錄。今檢《後漢紀》云：「太尉喬玄……久病罷。」（頁680）是橋玄之免實與大疫無涉，陳書失考。

〔註28〕《後漢書‧靈帝本紀》云：「京兆地震，司空袁逢罷。」（頁342）陳業新據以採錄。今檢《後漢紀》云：「司空袁逢久病罷。」（頁680）是袁逢之免實與地震無關，陳書失考。

〔註29〕《後漢書‧靈帝本紀》云：「（五年）二月，大疫。三月，司徒陳耽免。夏四月，旱。太常袁隗爲司徒。」（頁346）于振波、陳業新據以採錄。今檢《後漢紀》云：「司徒陳耽不堪其任罷。太常袁隗爲司徒。」（頁687）二書所錄雖有年代之別，然其後皆云「太常袁隗爲司徒」，是二書所載實爲一事。以此觀之，陳耽之免實與災異無涉。于、陳所錄，似待商榷。

〔註30〕《後漢書‧靈帝本紀》云：「夏四月庚戌，大風，雨雹。五月，太尉鄧盛罷。」（頁351）陳業新據以採錄。今檢《後漢紀》云：「夏五月，太尉鄧盛久病罷。」（頁702）是鄧盛之免實與災異無涉，陳書失考。

〔註31〕《後漢書‧靈帝本紀》云：「黑山賊張牛角等十餘輩並起，所在寇鈔。司徒袁

靈帝	中平五年	樊陵〔註32〕	太尉			◎	
	中平六年	劉弘	司空			◎	◎
	中平六年	丁宮	司徒				◎
	中平六年	馬日磾〔註33〕	太尉		◎		
獻帝	初平元年	黃琬	太尉	◎	◎		
	初平元年	楊彪	司徒	◎	◎		◎
	初平二年	种拂	司空		◎	◎	◎
	初平二年	趙謙〔註34〕	太尉			◎	
	初平三年	皇甫嵩	太尉	◎	◎		◎
	初平三年	楊彪	司空		◎	◎	◎
	初平四年	周忠	太尉		◎	◎	◎
	初平四年	趙溫	司空		◎	◎	◎
	興平元年	朱儁	太尉		◎	◎	◎

隗免。」（頁351）于振波據以採錄。今檢《後漢紀》云：「司徒袁隗久病罷。」
（頁701）是袁隗之免殆與災異無涉，于文失考。

〔註32〕 《後漢書・靈帝本紀》：「六月丙寅，大風。太尉樊陵罷。」（頁355～356）陳業
新據以採錄。今檢《後漢紀》云：「六月丙寅，風大起折木。太尉樊陵策罷。」
（頁709）依范、袁二書觀之，樊陵之免似與大風有關。然《後漢紀》於三公之
免皆明云因「災異」或某一事件而罷；此處僅並列言之，並未明言樊陵係因
大風而罷。以此觀之，樊陵是否因大風而免，似仍有待斟酌。

〔註33〕 《後漢書・靈帝本紀》云：「夏四月丙午朔，日有食之。太尉馬日磾免。」（頁
357）于振波據以採錄。今檢《後漢紀》云：「夏四月，太尉馬日磾罷。丙午朔，
日有蝕之。」（頁719）二書所錄，明顯有別。依范書，則日蝕在前、馬日磾免
太尉在後：云馬日磾因日蝕而免，或許言之成理。然依袁書，馬日磾免太尉
乃在日蝕之前，又明顯與日蝕無關。既然史書所載有別，似不宜僅以范書所
錄為據。文獻有闕，存之可也。

〔註34〕 《後漢書・獻帝本紀》云：「六月丙戌，地震。秋七月，……太尉趙謙罷。」
（頁371）陳業新據以採錄。今檢《後漢紀》云：「丙寅，太尉趙謙久病策罷。」
（頁749）是趙謙之免實與災異無涉，陳書失考。

附錄七　兩漢詔令選士所涉陰陽災異一覽表*

一、西漢

時間		所涉災異	詔書內容
文帝	二年十一月	日蝕	舉賢良方正能直言極諫者
宣帝	本始元年四月	地震	舉文學高第各一人
	本始四年四月〔註1〕	地震山崩	舉賢良方正各一人
	元康元年八月	風雨未時	博舉吏民，厥身修正，通文學，明於先王之術，宣究其意者各二人
元帝	初元二年三月	地震	舉茂材異等直言極諫之士
元帝	初元三年六月	陰陽錯謬	舉天下明陰陽災異者各三人
	永光二年三月	日蝕	舉茂材異等賢良直言之士各一人
	建昭四年四月	陰陽不調	舉茂材特立之士

---

* 本表所錄，略參鄧嗣禹：《中國考試制度史》，頁 31～34；陳業新：《災害與兩漢社會研究》，頁 224～228。

〔註1〕案：鄧、陳二氏於宣帝本始四年之後，又錄宣帝地節三年十一月一則。（見鄧書，頁 32；陳書，頁 225）今檢班書，宣帝地節三年地震乃「九月」之事，十月詔書已明舉其事。（見頁 249）而十一月詔云：「朕既不逮，導民不明，反側晨興，念慮萬方，不忘元元。唯恐羞先帝聖德，故並舉賢良方正以親萬姓，歷載臻茲，然而俗化闕焉。《傳》曰：『孝弟也者，其爲仁之本與！』其令郡國舉孝弟有行義聞于鄉里者各一人。」（同上）今觀詔書內容，明顯與「地震」無關。故本文未錄此條。

	建始三年十二月	日食地震	舉賢良方正能直言極諫之士
	河平四年三月	河決傷人	舉惇厚有行能直言之士
	鴻嘉二年三月	水旱疫疾	舉敦厚有行義能直言者
成帝	永始三年正月	日蝕	舉惇樸遜讓有行義者各一人
	元延元年七月	星孛	舉方正能直言極諫及勇猛知兵法者各一人
	元壽元年正月	日蝕	舉賢良方正能直言者各一人
平帝	元始元年五月	日蝕	舉敦厚能直言者各一人

二、東漢

	時間	所涉災異	詔書內容
光武	建武六年十月	日蝕	舉賢良方正各一人
	建武七年三月	日蝕	舉賢良方正各一人
章帝	建初元年三月	地震	舉賢良方正能直言極諫之士各一人
	建初五年二月	水旱	舉直言極諫、能指朕過失者各一人
和帝	永元六年三月〔註2〕	陰陽不和	舉賢良方正能直言極諫之士各一人
安帝	永初元年三月	日蝕	舉賢良方正、有道術之士，明政術、達古今、能直言極諫者各一人
	永初二年七月	陰陽差越	舉賢良方正
	永初五年三月	災異蜂起	舉賢良方正、有道術、達於政化、能直言極諫之士各一人
	元初元年四月	旱、蝗	舉敦厚質直者各一人
順帝	延光四年十一月	大疾	舉賢良方正能直言極諫之士各一人
沖帝	建康元年九月	地震	舉賢良方正、幽逸修道之士各一人

〔註2〕 案：鄧、陳二氏於永元六年之前，又錄永元五年一則。（見鄧書，頁33；陳書，頁226）今檢范書，和帝永元五年三月詔云：「選舉良才，爲政之本。科別行能，必由鄉曲。而郡國舉吏，不加簡擇，故先帝明敕在所，令試之以職，乃得充選。又德行尤異，不須經職者，別署狀上。而宣布以來，出入九年，二千石曾不承奉，恣心從好，司隸、刺史訖無糾察。今新蒙赦令，且復申敕，後有犯者，顯明其罰。在位不以選舉爲憂，督察不以發覺爲負，非獨州郡也。是以庶官多非其人。下民被姦邪之傷，由法不行故也。」（頁176）詔書所述，明在申敕在位者當「以選舉爲憂」，並非「下詔選士」；二氏所錄，似有誤解文義之嫌。故本文未錄此條。

	建和元年四月	地震	舉賢良方正能直言極諫者各一人
桓帝	永興二年三月	地震	舉賢良方正能直言極諫者各一人
	延熹八年正月	日蝕	舉賢良方正
	延熹九年正月	日蝕	舉賢良方正
	永康元年五月	日蝕	舉賢良方正
靈帝	建寧元年五月	日蝕	舉有道之士各一人
獻帝	建安元年九月	日蝕	舉至孝各二人，九卿、校尉、郡國守相各一人

參考書目

一、古籍及其校注（略依四部爲序，每部之中又以類相從，依時相次）

（一）經部

1. 王弼注，孔穎達正義：《周易正義》（阮刻本），臺北：藝文印書館，1989 年 1 月。

2. 孔安國傳，孔穎達正義：《尚書正義》（阮刻本），臺北：藝文印書館，1989 年 1 月。

3. 鄭玄箋，孔穎達正義：《毛詩正義》（阮刻本），臺北：藝文印書館，1989 年 1 月。

4. 鄭玄注，賈公彥疏：《儀禮注疏》（阮刻本），臺北：藝文印書館，1989 年 1 月。

5. 鄭玄注，賈公彥疏：《周禮注疏》（阮刻本），臺北：藝文印書館，1989 年 1 月。

6. 鄭玄注，孔穎達正義：《禮記正義》（阮刻本），臺北：藝文印書館，1989 年 1 月。

7. 杜預注，孔穎達正義：《春秋左傳正義》（阮刻本），臺北：藝文印書館，1989 年 1 月。

8. 何休注，徐彥疏：《春秋公羊傳注疏》（阮刻本），臺北：藝文印書館，1989 年 1 月。

9. 何晏注，邢昺疏：《論語注疏》（阮刻本），臺北：藝文印書館，1989 年 1 月。

10. 郭璞注，邢昺疏：《爾雅》（阮刻本），臺北：藝文印書館，1989 年 1 月。

11. 宋祚胤等：《十三經今注今譯》，長沙：岳麓書社，1994 年 1 月。

12. 陸績注：《京氏易傳》，濟南：齊魯書社，2002 年 10 月。

13. 李心傳：《丙子學易編》，臺北：臺灣商務印書館，1986 年 3 月。

14. 徐文靖輯：《禹貢會箋》，臺北：臺灣商務印書館，1986 年 3 月。

15. 陳喬樅：《齊詩翼氏學疏證》，上海：上海古籍出版社，1995 年。

16. 孔廣森：《經學卮言》，上海：上海古籍出版社，1995 年。

17. 王先謙：《詩三家義集疏》，臺北：明文書局，1988 年 10 月。

18. 陳壽祺：《三家詩遺說考》，上海：上海古籍出版社，1995 年。

19. 蘇輿：《春秋繁露義證》，北京：中華書局，1996 年 9 月。

20. 賴炎元：《春秋繁露今註今譯》，臺北：臺灣商務印書館，1984 年 5 月。

21. 楊伯峻：《春秋左傳注》，臺北：源流文化事業公司，1982 年 3 月。

22. 陳立：《白虎通疏證》，北京：中華書局，1994 年 8 月。

23. 許慎著，段玉裁注：《說文解字注》，臺北：黎明文化事業公司，1986 年 10 月。

24. 劉熙：《釋名》，北京：中華書局，1985 年。

25. 王先謙：《釋名疏證補》，上海：上海古籍出版社，1995 年。

26. 張揖：《廣雅》，北京：中華書局，1987 年。

27. 釋玄應：《一切經音義》，北京：中華書局，1987 年。

28. 洪邁輯：《隸釋》，北京：中華書局，2003 年 12 月。

29. 孫瑴輯：《古微書》，上海：上海古籍出版社，1994 年 6 月。

30. 顧觀光輯：《七緯拾遺》，上海：上海古籍出版社，1994 年 6 月。

31. 喬松年輯：《緯攟》，上海：上海古籍出版社，1994 年 6 月。

32. 殷元正輯：《集緯》，上海：上海古籍出版社，1994 年 6 月。

33. 殷元正輯：《緯讖候圖校輯》，北京：書目文獻出版社，1998 年 2 月。

34. 趙在翰輯：《七緯》，上海：上海古籍出版社，1994 年 6 月。

35. 劉學寵輯：《諸經緯遺》，上海：上海書店，1994 年 6 月。

36. 陳喬樅：《詩緯集證》，上海：上海古籍出版社，1994 年 6 月。

37. 朱彝尊：《經義考》，北京：中華書局，1998 年 11 月。

38. 皮錫瑞：《經學歷史》，北京：中華書局，1989 年 9 月。

39. 鄭珍：《鄭珍集》，貴陽：貴州人民出版社，1991 年 1 月。

（二）史部

1. 司馬遷：《史記》，北京：中華書局，1982 年 11 月。

2. 班固：《漢書》，北京：中華書局，1987 年 10 月。

3. 范曄：《後漢書》，北京：中華書局，1987 年 10 月。

4. 陳壽：《三國志》，北京：中華書局，1959 年 12 月。

5. 房玄齡等：《晉書》，北京：中華書局，1974 年 11 月。

6. 沈約等：《宋書》，北京：中華書局，1974 年 10 月。

7. 蕭子顯等：《南齊書》，北京：中華書局，1972 年 1 月。

8. 魏收等：《魏書》，北京：中華書局，1985 年 3 月。

9. 李百藥等：《北齊書》，北京：中華書局，1987 年 12 月。

10. 李延壽等：《北史》，北京：中華書局，1974 年 11 月。

11. 魏徵等：《隋書》，北京：中華書局，1987 年 10 月。

12. 劉昫等：《舊唐書》，北京：中華書局，1975 年 5 月。

13. 歐陽修等：《新唐書》，北京：中華書局，1975 年 2 月。

14. 薛居正等：《舊五代史》，北京：中華書局，1966 年，月。

15. 脫脫等：《宋史》，北京：中華書局，1985 年 6 月。

16. 趙爾巽等：《清史稿》，北京：中華書局，1986 年 8 月。

17. 黃懷信等：《逸周書彙校集注》，上海：上海古籍出版社，1995 年 12 月。

18. 舊題左丘明撰：《國語》，臺北：九思出版有限公司，1978 年 11 月。

19. 王先謙：《漢書補注》，臺北：藝文印書館，1955 年 6 月。

20. 荀悅：《漢紀》，北京：中華書局，2001 年 6 月。

21. 王先謙：《後漢書集解》，北京：中華書局，1991 年 9 月。

22. 吳樹平：《東觀漢記校注》，鄭州：中州古籍出版社，1987 年，3 月。

23. 周天游：《後漢紀校注》，天津：天津古籍出版社，1987 年 12 月。

24. 司馬光等：《資治通鑑》，臺北：西南書局，1982 年 9 月。

25. 羅泌：《路史》，臺北：臺灣商務印書館，1983 年。

26. 常璩：《華陽國志》，北京：中華書局，1987 年。

27. 長孫無忌：《唐律疏議》，北京：中華書局，1987 年。

28. 王溥：《五代會要》，臺北：九思出版有限公司，1978 年 11 月。

29. 王溥：《唐會要》，北京：中華書局，1987 年。

30. 杜佑：《通典》，臺北：新文豐出版公司，1986 年 9 月。

31. 鄭樵：《通志》，臺北：新文豐出版公司，1986 年 9 月。

32. 馬端臨：《文獻通考》，臺北：新文豐出版公司，1986 年 9 月。

33. 姚振宗：《漢書藝文志條理》，北京：中華書局，1986 年 6 月。

34. 張舜徽：《漢書藝文志通釋》，北京：中華書局，1986 年 6 月。

35. 侯康：《補後漢書藝文志》，北京：中華書局，1986 年 6 月。

36. 姚振宗:《隋書經籍志考證》,北京:中華書局,1986 年 6 月。

37. 晁公武:《郡齋讀書志》,京都:中文出版社,1978 年 7 月。

38. 尤袤:《遂初堂書目》,北京:中華書局,1987 年。

39. 陳振孫:《直齋書錄解題》,京都:中文出版社,1978 年 7 月。

40. 王堯臣等:《崇文總目》,臺北:臺灣商務印書館,1967 年 3 月。

41. 焦竑:《國史經籍志》,北京:中華書局,1987 年。

42. 丁丙:《善本書室藏書志》,臺北:廣文書局,1967 年 8 月。

43. 紀昀等:《欽定四庫全書總目》,北京:中華書局,1997 年 1 月。

44. 余嘉錫:《四庫提要辨證》,北京:中華書局,1986 年 1 月。

45. 中國科學院:《續修四庫全書總目提要》,北京:中華書局,1993 年 7 月。

46. 崔適:《史記探源》,北京:中華書局,1986 年 9 月。

47. 徐文靖輯:《竹書統箋》,臺北:臺灣商務印書館,1986 年 3 月。

48. 趙所生:《中國歷代書院志》,南京:江蘇教育出版社,1995 年 9 月。

49. 趙翼:《二十二史箚記》,臺北:中華書局,1981 年 6 月。

50. 葉瑛:《文史通義校注》,北京:中華書局,2002 年 1 月。

(三) 子部

1. 顏昌嶢:《管子校釋》,長沙:岳麓書社,1996 年 2 月。

2. 郭慶藩:《莊子集釋》,北京:中華書局,1961 年 7 月。

3. 陳奇猷:《韓非子集釋》,上海:上海人民出版社,1974 年 7 月。

4. 王先謙:《荀子集解》,北京:中華書局,1988 年 9 月。

5. 舊題孔鮒撰:《孔叢子》,成都:四川人民出版社,1997 年 5 月。

6. 舊題鶡冠子撰:《鶡冠子》,北京:中華書局,1985 年。

7. 張金城:《鶡冠子箋釋》,臺北:國立臺灣師範大學國文研究所碩士論文,1974 年 6 月。

8. 荊門市博物館:《郭店楚墓竹簡》,北京:文物出版社,1998 年 5 月。

9. 陳奇猷:《呂氏春秋校釋》,上海:學林出版社,1990 年 12 月。

10. 王利器:《新語校注》,北京:中華書局,1997 年 10 月。

11. 閻振益:《新書校注》,北京:中華書局,2000 年 7 月。

12. 劉文典:《淮南鴻烈集解》,北京:中華書局,1989 年 5 月。

13. 陳一平:《淮南子校注譯》,廣州:廣東人民出版社,1994 年 1 月。

14. 山東中醫院:《黃帝內經素問校釋》,北京:人民衛生出版社,1993 年 10 月。

15. 王卡：《老子道德經河上公章句》，北京：中華書局，1993 年 8 月。

16. 鄭萬耕：《太玄校釋》，北京：北京師範大學出版社，1989 年 2 月。

17. 向宗魯：《說苑校證》，北京：中華書局，1987 年 7 月。

18. 張衡：《靈憲》，臺北：藝文印書館，1968 年。

19. 黃暉：《論衡校釋》，北京：中華書局，1990 年 2 月。

20. 汪繼培：《潛夫論箋校正》，北京：中華書局，1985 年 9 月。

21. 荀悅：《申鑒》，臺北：世界書局，1967 年 9 月。

22. 王利器：《顏氏家訓集解》，上海：上海古籍出版社，1983 年 12 月。

23. 陳士珂：《孔子家語疏證》，成都：四川人民出版社，1997 年 6 月。

24. 王明：《抱朴子內篇校釋》，北京：中華書局，1985 年 3 月。

25. 黎靖德編：《朱子語類》，北京：中華書局，1986 年 3 月。

26. 吳光等編：《王陽明全集》，上海：上海古籍出版社，1992 年 12 月。

27. 陶弘景：《眞誥》，北京：中華書局，1987 年。

28. 歐陽詢等：《藝文類聚》，上海：上海古籍出版社，1999 年 2 月。

29. 徐堅輯：《初學記》，臺北：臺灣商務印書館，1986 年 3 月。

30. 虞世南等撰，孔廣陶校注：《北堂書鈔》，天津：天津古籍出版社，1988 年 12 月。

31. 虞世南等撰，陳禹謀補注：《北堂書鈔》，臺北：臺灣商務印書館，1986 年 3 月。

32. 張英等撰：《淵鑑類函》，臺北：臺灣商務印書館，1986 年 3 月。

33. 王應麟：《玉海》，臺北：大化書局，1977 年 12 月。

34. 李昉等：《太平御覽》，北京：中華書局，1960 年 2 月。

35. 陳夢雷編：《古今圖書集成》，北京：中華書局，1985 年 10 月。

36. 瞿曇悉達輯：《開元占經》(四庫本)，臺北：臺灣商務印書館，1986 年 3 月。

37. 瞿曇悉達輯：《開元占經》(大德本)，鄭州：河南教育出版社，1993 年。

38. 李鳳撰：《天文要錄》，鄭州：河南教育出版社，1993 年。

39. 劉賡輯：《稽瑞》，北京：中華書局，1987 年。

40. 釋道世：《法苑珠林》，臺北：臺灣商務印書館，1979 年 11 月。

41. 張君房輯：《雲笈七籤》，臺北：臺灣商務印書館，1979 年 11 月。

42. 徐文靖輯：《管城碩記》，臺北：臺灣商務印書館，1986 年 3 月。

43. 洪邁：《容齋三筆》，臺北：臺灣商務印書館，1979 年 11 月。

44. 王應麟：《困學紀聞》，瀋陽：遼寧教育出版社，1998 年 3 月。

45. 胡應麟：《四部正譌》，臺北：臺灣開明書店，1969 年。

46. 顧炎武：《日知錄》，臺北：文史哲出版，1979 年 4 月。

47. 王鳴盛：《蛾術編》，揚州：江蘇古籍刻印社，1992 年 12 月。

48. 俞正燮：《癸巳類稿》，臺北：新文豐出版公司，1989 年 7 月。

49. 俞樾：《諸子平議補錄》，臺北：世界書局，1978 年 10 月。

50. 陶宗儀輯：《說郛》，臺北：新興書局，1963 年 12 月。

51. 馬國翰輯：《玉函山房輯佚書》，上海：上海古籍出版社，1994 年 6 月。

52. 王仁俊輯：《玉函山房輯佚書續編三種》，上海：上海古籍出版社，1994 年 6 月。

53. 林春溥：《古書拾遺》，臺北：世界書局，1963 年 4 月。

54. 黃永武編：《敦煌古籍敘錄新編》，臺北：新文豐出版公司，1986 年。

55. 李時珍：《本草綱目》，北京：人民衛生出版社，19895 年 5 月。

（四）集部

1. 朱熹：《楚辭集注》，臺北：文津出版社，1987 年 10 月。

2. 張震澤：《揚雄集校注》，上海：上海古籍出版社，1993 年 10 月。

3. 蕭統編，李善等注：《文選》，臺北：漢京文化事業公司，1983 年 9 月。

4. 孫志祖：《文選理學權輿》，臺北：廣文書局，1966 年。

5. 周振甫：《文心雕龍校注》，臺北：里仁書局，1984 年 5 月。

6. 張彥遠：《歷代名畫記》，北京：中華書局，1987 年。

7. 嚴可均輯：《全上古三代秦漢三國六朝文》，北京：中華書局，1958 年 2 月。

8. 董誥等編：《全唐文》，上海：上海古籍出版社，1990 年 12 月。

9. 阮元輯：《詁經精舍文集》，南京：江蘇教育出版社，1995 年 9 月。

10. 錢大昕：《潛研堂文集》，臺北：臺灣商務印書館，1979 年 11 月。

11. 嚴可均：《鐵橋漫稿》，臺北：新文豐出版公司，1989 年 7 月。

二、近現代研究論著（依作者姓氏筆順為序）

1. 中國思想研究委員會編：《中國思想與制度論文集》，臺北：聯經出版公司，1976 年 9 月。

2. 王永祥：《董仲舒評傳》，南京：南京大學出版社，1995 年。

3. 王宇信等編：《甲骨學一百年》，北京：社會科學文獻出版社，1999 年 9 月。

4. 王利器：《鄭康成年譜》，濟南：齊魯書社，1983 年 3 月。

5. 王葆玹：《西漢經學源流》，臺北：東大圖書公司，1994 年 6 月。

6. 王夢鷗：《鄒衍遺說考》，臺北：臺灣商務印書館，1966 年 3 月。

7. 加潤國：《中國儒教史話》，保定：河北大學出版社，1999 年 10 月。

8. 任繼愈編：《中國哲學史》，北京：北京人民出版社，1996 年 4 月。

9. 任繼愈編：《中國哲學發展史‧秦漢卷》，北京：北京人民出版社，1985 年 2 月。

10. 安平秋等編：《中國禁書大觀》，上海：上海文化出版社，1990 年 3 月。

11. 朱伯崑：《易學哲學史》，北京：華夏出版社，1995 年 1 月。

12. 江婉玲：《易緯釋易考》，臺北：國立臺灣師範大學國文研究所碩士論文，1991 年 6 月。

13. 江曉原：《天學真源》，瀋陽：遼寧教育出版社，1991 年 11 月。

14. 何星亮：《中國圖騰文化》，北京：中國社會科學出版社，1992 年 11 月。

15. 冷熙德：《超越神話——緯書政治神話研究》，北京：東方出版社，1996 年 5 月。

16. 吳雁南等編：《中國經學史》，福州：福建人民出版社，2001 年 9 月。

17. 吳福助編：《國學方法論文集》，臺北：文史哲出版社，1984 年 10 月。

18. 呂思勉：《呂思勉讀史札記》，臺北：木鐸出版社，1983 年 9 月。

19. 呂凱：《鄭玄之讖緯學》，臺北：臺灣商務印書館，1982 年 5 月。

20. 宋正海等編：《中國古代自然災異相關性年表總匯》，合肥：安徽教育出版社，2002 年 7 月。

21. 李中華：《神祕文化的啟示：緯書與漢代文化》，北京：新華出版社，1993 年 3 月。

22. 李申：《中國儒教史》，上海：上海人民出版社，1999 年 12 月。

23. 李向平：《王權與神權》，瀋陽：遼寧教育出版社，1991 年 9 月。

24. 李存山：《中國氣論探源與發微》，北京：中國社會科學出版社，1990 年 12 月。

25. 李志林：《氣論與中國傳統思維方式》，上海：學林出版社，1990 年 9 月。

26. 李杜：《中西哲學思想中的天道與上帝》，臺北：聯經出版公司，1978 年 11 月。

27. 李偉泰：《漢初學術及王充論衡述論稿》，臺北：長安出版社，1985 年 5 月。

28. 李景明：《中國儒學史‧秦漢卷》，廣州：廣東教育出版社，1998 年 6 月。

29. 李雲光：《三禮鄭氏學發凡》，臺北：嘉新水泥公司，1966 年 12 月。

30. 李零：《長沙子彈庫戰國楚帛書研究》，北京：中華書局，1985 年 7 月。

31. 李漢三：《先秦兩漢之陰陽五行學說》，臺北：維新書局，1981 年 4 月。

32. 李學勤：《簡帛佚籍與學術史》，南昌：江西教育出版社，2001 年 9 月。

33. 周彥文編：《文獻學研究的回顧與展望》，臺北：台灣學生書局，2002 年 3 月。

34. 周桂鈿：《中國歷代思想史‧秦漢卷》，臺北：文津出版社，1993 年 12 月。

35. 周桂鈿：《董學探微》，北京：北京師範大學出版社，1989 年 1 月。

36. 林慶彰編：《中國經學史論文選集》，臺北：文史哲出版社，1992 年 10 月。

37. 林麗雪：《董仲舒》，臺北：臺灣商務印書館，1987 年 8 月。

38. 金春峰：《漢代思想史》，北京：中國社會科學出版社，1997 年 12 月。

39. 侯外盧等：《中國思想通史》，北京：北京人民出版社，1992 年 9 月。

40. 姜廣輝編：《中國經學思想史》，北京：中國社會科學出版社，2003 年 9 月。

41. 洪春音：《緯書與兩漢經學關係之研究》，臺中：私立東海大學中國文學系博士論文，2002 年 7 月。

42. 胡厚宣編：《甲骨文合集釋文》，北京：中國社會科學出版社，1999 年 8 月。

43. 韋政通編：《中國思想史方法論文選集》，臺北：水牛出版社，1897 年 2 月。

44. 唐元明編：《當代學者自選文庫》，合肥：安徽教育出版社，1995 年 5 月。

45. 孫啓治等編：《古佚書輯本目錄》，北京：中華書局，1997 年 8 月。

46. 孫廣德：《先秦兩漢陰陽五行說的政治思想》，臺北：臺灣商務印書館，1993 年 6 月。

47. 孫廣德：《政治神話論》，臺北：臺灣商務印書館，1980 年 9 月。

48. 徐復觀：《兩漢思想史》，臺北：臺灣學生書局，1989 年 9 月。

49. 徐復觀：《中國人性論史》，臺中：私立東海大學，1962 年 4 月。

50. 徐興無：《讖緯文獻與漢代文化構建》，北京：中華書局，2003 年 3 月。

51. 晁福林：《夏商西周的社會變遷》，北京：北京師範大學出版社，1996 年 6 月。

52. 殷善培：《讖緯思想研究》，臺北：國立政治大學中國文學系博士論文，1996 年 6 月。

53. 翁麗雪：《東漢經術與士風》，臺北：國立臺灣師範大學國文研究所碩士論文，1983 年 4 月。

54. 袁保新：《老子哲學之詮釋與重建》，臺北：文津出版社，1991 年 9 月。

55. 袁珂：《中國古代神話》，上海：上海商務印書館，1957 年 7 月。

56. 高亨：《周易古經通說》，香港：中華書局，1963 年 1 月。

57. 崔大華：《儒學引論》，北京：北京人民出版社，2001 年 9 月。

58. 張豈之編：《中國思想史》，西安：西北大學出版社，1993 年 3 月。

59. 張國華：《中國秦漢思想史》，北京：北京人民出版社，1994 年 4 月。

60. 張舜徽：《中國古代史籍校讀法》，臺北：里仁書局，1988 年 10 月。

61. 張廣慶：《何休春秋公羊解詁研究》，《師大國文研究所集刊》第 34 期，1990 年 6 月。

62. 陳平原等：《學人》，南京：江蘇文藝出版社，1996 年 10 月。

63. 陳明恩：《氣化宇宙論主體架構的形成及其開展》，臺北：私立淡江大學中國文學研究所碩士論文，1998 年 4 月修正稿。

64. 陳業新：《災害與兩漢社會研究》，上海：上海人民出版社，2004 年 4 月。

65. 陳鼓應：《黃帝四經今註今譯》，臺北：臺灣商務印書館，1996 年 6 月。

66. 陳槃：《古讖緯研討及其書錄解題》，臺北：國立編譯館，1991 年 2 月。

67. 陳遵媯：《中國天文學史》，臺北：明文書局，1987 年 8 月。

68. 陳師麗桂：《戰國時期的黃老思想》，臺北：聯經出版事業公司，1991 年 4 月。

69. 陸思賢：《神話考古》，北京：文物出版社，1995 年 12 月。

70. 章權才：《兩漢經學史》，臺北：萬卷樓圖書有限公司，1995 年 5 月。

71. 傅偉勳：《學問的生命與生命的學問》，臺北：正中書局，1994 年 1 月。

72. 馮友蘭：《新編中國哲學史》，北京：北京人民出版社，1992 年 5 月。

73. 馮天瑜等：《中華文化史》，上海：上海人民出版社，1990 年 11 月。

74. 黃俊傑：《史學方法論叢》，臺北：學生書局，1981 年。

75. 黃啓書：《董仲舒春秋學中的災異理論》，臺北：國立臺灣大學中國文學研究所碩士論文，1995 年 5 月。

76. 黃復山：《漢代尚書讖緯學述》，臺北：私立輔仁大學中國文學系博士論文，1996 年 6 月。

77. 黃肇基：《漢代公羊學災異理論研究》，臺北：文津出版社，1998 年 5 月。

78. 楊果霖：《朱彝尊經義考研究》，臺北：私立中國文化大學中國文學研究所博士論文，1990 年 6 月。

79. 楊國榮編：《簡明中國哲學史》，廣州：廣東人民出版社，1973 年 9 月。

80. 楊愛國：《不爲觀賞的畫作——漢畫像石和畫像磚》，成都：四川教育出版社，1998 年 7 月。

81. 楊慧傑：《天人關係論》，臺北：水牛出版社，1989 年 6 月。

82. 葉國良：《經學通論》，臺北：國立空中大學，1996 年 1 月。

83. 趙吉惠等編：《中國儒學史》，鄭州：中州古籍出版社，1993 年 4 月。

84. 劉兆祐：《中國目錄學》，臺北：五南圖書出版有限公司，1998 年 7 月。

85. 劉坦：《中國古代之歲星紀年》，北京：科學出版社，1957 年 12 月。

86. 劉宗賢等：《中國儒學》，成都：四川人民出版社，1993 年 5 月。

87. 劉起釪：《古史續辨》，北京：中國社會科學出版社，1997 年 4 月。

88. 劉蔚華編：《中國儒家學術思想史》，濟南：山東教育出版社，1996 年 12 月。

89. 蔣慶：《公羊學引論》，瀋陽：遼寧教育出版社，1995 年 6 月。

90. 鄭均：《讖緯考述》，臺北：文史哲出版社，2000 年 3 月。

91. 鄭倩琳：《戰國時期道家之宇宙生成論》，臺北：國立臺灣師範大學國文研究所碩士論文，2003 年 6 月。

92. 鄭瑞全等編：《中國僞書綜考》，合肥：黃山書社，1998 年 7 月。

93. 鄭萬耕：《揚雄及其太玄》，臺北：藍燈文化事業公司，1992 年 9 月。

94. 鄧雲特：《中國救荒史》，臺北：臺灣商務印書館，1966 年 3 月。

95. 鄧嗣禹：《中國考試制度史》，上海：上海書局，1996 年，月。

96. 賴慶鴻：《董仲舒政治思想之研究》，臺北：國立政治大學政治研究所博士論文，1980 年 7 月。

97. 駱鴻凱：《文選學》，臺北：漢京文化事業公司，1982 年 10 月。

98. 鍾肇鵬：《讖緯論略》，瀋陽：遼寧教育出版社，1992 年 11 月。

99. 龐樸：《帛書五行篇研究》，山東：齊魯書社，1988 年 7 月。

100. 饒宗頤等：《楚帛書》，香港：中華書局，1985 年 9 月。

101. 顧頡剛：《中國上古史研究講義》，北京：中華書局，1988 年 11 月。

102. 顧頡剛：《秦漢的方士與儒生》，上海：上海古籍出版社，1998 年 1 月。

103. 顧頡剛等：《古史辨》，臺北：藍燈文化事業公司，1987 年 11 月。

三、譯著及外文論著（依作者姓氏筆順爲序）

1. 安居香山、中村璋八等：《緯書の基礎的研究》，東京：漢魏文化研究會，1966 年 6 月。

2. 安居香山：《緯書の成立とその開展》，東京：國書刊行會，1979 年 2 月。

3. 安居香山：《緯書》，東京：明德出版社，1969 年 8 月。

4. 安居香山著、田人隆譯：《緯書與中國神祕思想》，石家莊：河北人民出版社，1991 年 6 月。

5. 安居香山編：《讖緯思想の綜合的研究》，東京：圖書刊行會，1984 年 2 月。

6. 新美寬編：《本邦殘存典籍による輯佚資料集成》，京都：京都大學人文

科學研究所，1968 年 3 月。

7. 藤原佐世：《日本國見在書目錄》，臺北：新文豐出版公司，1985 年 1 月。

四、期刊、專書論文（依作者姓氏筆順為序）

1. Shinobu-Kubota：〈中國哲學思想史上的「聖」的起源〉，《學人》第 1 期，1996 年 10 月。

2. 丁四新：〈有無之辯和氣的思想──楚簡《恒先》首章哲學釋義〉，《中國哲學史》2004 年第 3 期，2004 年 8 月。

3. 丁培仁：〈《易乾鑿度》思想初論〉，收入黃壽祺編：《周易研究論文集》北京：北京師範大學出版社，1990 年 5 月。

4. 丁鼎：〈古代讖言論略〉，《中國社會科學》1992 年第 4 期，1992 年 7 月。

5. 方志平：〈談讖緯文獻〉，《文獻》1993 年第 4 期，1993 年 4 月。

6. 王友三：〈兩漢讖緯神學與反讖緯神學的鬥爭〉，複印報刊資料（中國哲學史）1981 年第 9 期，1981 年 9 月。

7. 王步貴：〈讖緯與陰陽〉，複印報刊資料（中國哲學史）1992 年第 9 期，1992 年 9 月。

8. 王初慶：〈左傳信鬼好巫辨──災異〉，《輔仁學誌》第 15 期，1986 年 6 月。

9. 王開府：〈思想研究法綜論──以中國哲學為例〉，《國文學報》第 27 期，1998 年 6 月。

10. 王曉毅：〈「天地」「陰陽」易位與漢代氣化宇宙論的發展〉，《孔子研究》2003 年第 4 期，2003 年 6 月。

11. 王鐵：〈論緯書〉，《華東師範大學學報》（哲社版）1991 年第 5 期，1991 年 9 月。

12. 向衛晉：〈論漢代的讖緯之學〉，《廣西社會科學》2002 年第 5 期，2002 年 10 月。

13. 成中英：〈占卜的詮釋與貞之五義──論易占原初思想的哲學延伸〉，《中國文化》第 9 期，1994 年 2 月。

14. 余江：〈讖緯與兩漢經學〉，《殷都學刊》2001 年第 2 期，2001 年 6 月。

15. 呂宗力，〈從漢碑看讖緯神學對東漢思想的影響〉，《中國哲學》第 12 輯，1984 年 3 月。

16. 李梅訓等：〈讖緯文獻的禁毀和輯佚〉，《山東大學學報》2002 年第 1 期，2002 年 1 月。

17. 李學勤：〈楚簡《恒先》首章釋義〉，《中國哲學史》2004 年第 3 期，2004 年 8 月。

18. 周學武：〈老子書中之「一」〉，《文史哲學報》第 43 期，1995 年 12 月。

19. 林麗雪：〈白虎通與讖緯〉，《孔孟學報》第 22 卷第 3 期，1983 年 11 月。

20. 徐公持：〈論詩緯〉，《求是月刊》第 30 卷第 3 期，2003 年 5 月。

21. 張俊峰：〈讖緯與東漢社會思潮略議〉，《河北學刊》2001 年第 5 期，2001 年 5 月。

22. 張嘉鳳等：〈中國古代天文對政治的影響——以漢相翟方進自殺為例〉，《清華學報》第 20 卷第 2 期，1980 年 12 月。

23. 陳明恩：〈董仲舒春秋學之歷史理論——三統與四法說之建構及其內涵〉，《經學研究論叢》，第 11 輯，臺北：臺灣學生書局，2003 年 6 月。

24. 陳明恩：〈董仲舒春秋學之義法理論——端、科、指條例之學的建構〉，《中國學術年刊》第 27 期，2005 年 3 月。

25. 陳松長：〈《太一生水》考論〉，收入：《郭店楚簡國際學術研討會論文集》，武漢：湖北人民出版社，2000 年 5 月。

26. 湯其領：〈秦漢五德終始初探〉，《史學月刊》1995 年第 1 期，1995 年 1 月。

27. 賀凌虛：〈讖緯對秦漢政治的影響〉，《社會科學論叢》第 37 期，1989 年 3 月。

28. 黃開國：〈論漢代讖緯神學〉，《中國哲學史研究》1984 年第 1 期，1984 年 1 月。

29. 楊振紅：〈漢代自然災害初探〉，《中國史研究》1999 年第 4 期，1999 年 11 月。

30. 楊晉龍：〈神統與聖統——鄭玄王肅「感生說」異解探義〉，《中國文哲研究集刊》第 3 期，1993 年 3 月。

31. 楊權：〈論章句與章句之學〉，《中山大學學報》2002 年第 4 期，2002 年 4 月。

32. 葛兆光：〈眾妙之門——北極與太一、道、太極〉，《中國文化》第 3 期，1990 年 12 月。

33. 葛榮晉：〈試論《黃老帛書》的「道」和「無為」思想〉，《中國哲學史研究》1981 年第 3 期，1981 年 7 月。

34. 廖名春：〈上博藏楚竹書《恒先》新釋〉，《中國哲學史》2004 年第 3 期，2004 年 8 月。

35. 趙衛東：〈太一生水〉「神明」新釋，《周易研究》2002 年第 5 期，2002 年 10 月。

36. 劉其泰：〈兩漢之際陰陽五行說和讖緯說的演變〉，《孔子研究》1993 年第 4 期，1993 年 12 月。

37. 劉澤華：〈漢代「緯書」中神、自然、人一體化的政治觀念〉，《文史哲》1993 年第 1 期，1993 年 1 月。

38. 鄭先興：〈論讖緯〉，複印報刊資料（先秦秦漢史）1991 年第 9 期，1991 年 9 月。

39. 蕭萐父：〈《黃老帛書》哲學淺議〉，《道家文化研究》，第 3 輯，上海：上海古籍出版社，1993 年 8 月。

40. 蕭巍：〈讖緯事要〉，《文史知識》1993 年第 3 期，1993 年 5 月。

41. 謝仲禮：〈東漢時期的災異與朝政〉，《中國社會科學院研究生學報》2002 年第 2 期，2002 年 3 月。